我国金融监管架构重构研究

张承惠　陈道富　等著

中国发展出版社
CHINA DEVELOPMENT PRESS

图书在版编目（CIP）数据

我国金融监管架构重构研究/张承惠，陈道富等著．—北京：
中国发展出版社，2016.10

（国务院发展研究中心研究丛书．2016／李伟主编）

ISBN 978 - 7 - 5177 - 0538 - 3

Ⅰ．①我…　Ⅱ．①张…　②陈…　Ⅲ．①金融监管—研究—
中国　Ⅳ．①F832.1

中国版本图书馆 CIP 数据核字（2016）第 156447 号

书　　　　名：我国金融监管架构重构研究
著作责任者：张承惠　陈道富　等
出 版 发 行：中国发展出版社
　　　　　　　（北京市西城区百万庄大街 16 号 8 层　　100037）
标 准 书 号：ISBN 978 - 7 - 5177 - 0538 - 3
经 销 者：各地新华书店
印 刷 者：北京科信印刷有限公司
开　　　　本：710mm×1000mm　1/16
印　　　　张：14.75
字　　　　数：177 千字
版　　　　次：2016 年 10 月第 1 版
印　　　　次：2016 年 10 月第 1 次印刷
定　　　　价：45.00 元

联 系 电 话：(010) 68990625　68990692
购 书 热 线：(010) 68990682　68990686
网 络 订 购：http://zgfzcbs.tmall.com
网 购 电 话：(010) 68990639　88333349
本 社 网 址：http://www.develpress.com.cn
电 子 邮 件：121410231@qq.com

"我国金融监管架构重构研究"
课题组

课题负责人

张承惠　国务院发展研究中心金融研究所所长　研究员

课题协调人

陈道富　国务院发展研究中心金融研究所副所长　研究员

课题组成员

张丽平　国务院发展研究中心金融研究所副所长　研究员

王　刚　国务院发展研究中心金融研究所　副研究员

郑醒尘　国务院发展研究中心金融研究所　副研究员

朱鸿鸣　国务院发展研究中心金融研究所　副研究员

朱俊生　首都经济贸易大学　教授、博士生导师

宋毅成　北京证券期货研究院　博士后

践行五大发展理念　发挥高端智库作用
努力推动中国经济转型升级

2016 年是"十三五"开局之年。"十三五"时期是塑造中国未来的关键五年，到 2020 年能否实现全面建成小康社会的目标，不仅是发展速度快慢的问题，更是决定中国能否抓住转型发展的历史窗口期，跨越"中等收入陷阱"、顺利实现现代化的问题。

2015 年 10 月，党的十八届五中全会通过的《中共中央关于制定国民经济和社会发展第十三个五年规划的建议》确立了"创新、协调、绿色、开放、共享"五大发展理念。2016 年 3 月，十二届全国人大四次会议通过的《国民经济和社会发展第十三个五年规划纲要》明确了新时期发展的总体思路，提出了应对国内外严峻挑战的战略性安排。

毋庸讳言，我国经济社会发展确实面临着一些前所未遇的困难和挑战，诸如：劳动年龄人口绝对量下降，老龄化问题日益显现，传统产业和低附加值生产环节的产能严重过剩，粗放式发展产生的生态环境问题逐渐暴露，以创新为驱动力的新增长动力尚未形成，社会对公平正义的诉求日益增强，等等。但与此同时，也应该客观地看到，我国的发展依然有着巨大的潜力和韧性。城镇化远未完成，欠发达地区与发达地区间存在明显的发展差距。这意味着，在当前和未来相当长的时期内，投资和消费都有很大的增长空间。我国产业体系完备、人力资本丰富、创新能力正在增强，有支撑未来发展的雄厚基础和良好条件。目前经济增长速度呈现的下降态势，只是经济结构转型过程中必然出现的暂时现象，而且这一态势是趋缓的、可控的、可承受的。随着结构调整、经济转型不断取得进展，我国经济将在新的发展平台上实现稳定、持续的中高速增长。

正是基于各种有利因素和不利因素复杂交织、相互影响的大背景，我们认为，中国的现代化已经进入转型发展重要的历史性窗口期，如果不能在窗口期内完成发展的转型，我们就迈不过"中等收入陷阱"这道坎，现代化进程就有可能中断。

中央十分清醒地认识到这一点，并对转型发展进行了周密部署。概言之，未来五年，为了推动经济转型、释放发展潜力，我们将以新的发展理念为统领，依照"十三五"规划描绘的蓝图，通过持续不断地深化改革和扩大开放，建立新的发展方式，形成创新驱动发展、协调平衡发展、人与自然和谐发展、中国经济和世界经济深度融合、全体人民共享发展成果的发展新格局。

推动经济转型升级，形成发展新格局，需要从供给和需求这两侧采取综合措施，在适度扩大总需求的同时，着力加强供给侧结构性改革，转变发展方式，促进经济转型。我国经济发展正处于"三期叠加"的历史性转折阶段，摆在面前的既有周期性、总量性问题，但更突出的是结构性问题。在供给与需求这对主要矛盾体中，当前矛盾的主要方面是在供给侧。比如，在传统的增长动力趋弱的同时，新的增长动力尚难以支撑中高速增长；产业结构资源密集型特征明显，对生态环境不够友好；要素在空间上的流动还不够顺畅，制约了城乡、区域协调发展；对外经济体制不能完全适应国际贸易投资规则变化的新趋势等。因此，去年以来，中央大力推进供给侧结构性改革，重点落实"三去一降一补"五大任务，用改革的办法推进结构调整，提高供给结构对需求结构变化的适应性，努力提升经济发展的质量和效益。"十三五"规划亦把供给侧结构性改革作为重大战略和主线，旨在通过转变政府职能、发展混合所有制经济、增强市场的统一性和开放性、健全经济监管体系等，促进资源得到更合理的配置和更高效的利用，提高生产效率，优化供给结构，为形成发展新格局奠定坚实的物质基础。当然，这里要强调的是，注重供给侧结构性改革，并非不要进行需求管理。我们还将采取完善收入分配格局、健全公共服务体制等措施，推动社会实现公平、正义，并为国内需求的增长提供强力支撑，使需求和供给在更高水平上实现良性互动。

当前，国务院发展研究中心正在按照中央的要求和部署，积极推进国家高端智库建设的试点工作，努力打造世界一流的中国特色新型智库。作为直接为党中央、国务院提供决策咨询服务的高端智库，我们将坚持"唯真求实、守正出新"的价值理念，扎实做好政策研究、政策解读、政策评估、国际交流与合作等四位一体的工作，为促进中国经济转型升级及迈向中高端水平、实现全面建成小康社会的宏伟目标做出应有的贡献。

这套"国务院发展研究中心研究丛书2016"，集中反映了过去一年我们的主要研究成果，包括19种（20册）著作。其中：《新兴大国的竞争力升级战略》（上、下册）和《从"数量追赶"到"质量追赶"》是中心的重大研究课题报告；《新形势下完善宏观调控理论与机制研究》《区域协同发展：机制与政策》等9部著作，是中心各研究部（所）的重点研究课题报告；还有8部著作是中心资深专家学者或青年研究人员的优秀招标研究课题报告。

"国务院发展研究中心研究丛书"自2010年首次面世至今，已是连续第七年出版。七年来，我们获得了广大读者的认可与厚爱，也受到中央和地方各级领导同志的肯定和鼓励。我们对此表示衷心感谢。同时，真诚欢迎各界读者一如既往地关心、支持、帮助我们，对这套丛书以及我们的工作不吝批评指正，使我们在建设国家高端智库、服务中央决策和工作大局、推动经济发展和社会进步的道路上，走得更稳、更快、更好。

国务院发展研究中心主任、研究员 李伟

2016 年 8 月

内容摘要

中国金融监管架构确立 13 年来，金融体系发生了巨大的变化。一是机构种类增多，业务和规模快速增长，各类金融市场也有了长足的发展。这意味着中国金融业和金融市场对经济的影响力加大、贡献度提升，也带来潜在金融风险加大和金融管理难度增加的问题。二是随着金融业务活动的扩大，我国金融机构在业务层面早已打破过去分业经营的壁垒。金融混业经营活动不断增加，跨业协同形式趋于多样化。三是近十年来，正规金融体系之外的类金融机构快速发展，在改进金融服务的同时，同时也带来大量风险隐患。

在金融体系发生巨大变化的同时，现有金融监管体制的不适应性凸显。一是分业监管体制与混业经营模式不相适应。以业务领域为基础、以机构为对象的现行监管体制，割裂了同一机构内部不同业务之间的联系，导致同类业务因市场主体种类的不同而产生监管规则和标准的差异。二是金融监管体制内与体制外的监管规则不一致很容易导致市场不公平。例如，融资租赁行业现有金融租赁、外资租赁、内资租赁三种公司形态。尽管经营内容毫无差别，却因公司形态不同，在监管主体、注册资本、融资便利、监管指标等方面存在巨大差异。三是低效、碎片化，同时存在各自为政、缺少配合的问题。四是不能有效应对新型金融机构、类金融机构快速发展带来的风险，特别是在中央和地方政府的监管职能配置方面，存在金融监管权力和能力与风险处置责任不对称的严重问题，在"发展"和"规范"上也有较大的职能冲突。

从国际经验来看，2008 年国际金融危机之后，各主要国家纷纷对原有金融监管体制进行改革。例如，尽管美国仍沿用了分业多头监管模式，但在原有监管框架下通过成立金融稳定监督委员会和强化美联储宏观审慎监管职能，加强了系统性风险监管的统筹机制；英国则推翻原有框架，强化央行的监管责任和权力，并成立金融行为监管局，采用了"双峰监管"模式；日本进一步强化了金融厅和央行在宏观审慎监管机构中的合作机制；俄罗斯将金融监管权力集中于央行，形成了混业统一监管模式；南非借鉴英联邦国家经验，采用"双峰"监管模式；巴西、印度则沿用原有的混业监管模式，在此基础上完善本国系统性风险防范、控制机制。各国金融监管架构改革的重点，一是加强宏观审慎监管，提高系统性风险防范能力，特别是加强了对系统重要性金融机构的监管；二是加强市场行为监管，强化金融消费者保护。危机后加强金融消费者保护已经成为国际金融监管体系改革的重要趋势。如美国依法成立了独立的消费金融保护机构——金融消费者保护局；英国由金融行为监管局专门负责行为监管和消费者权益保护等工作；南非在金融服务理事会中成立零售银行市场服务监管机构；俄罗斯多次修订《自然人银行存款保险法》，不断提升金融消费者的市场地位和保障标准等。

本书对于中国金融监管架构的改革有如下构想。

首先金融监管架构改革应树立阶段性目标。

近期目标（1~2 年）：理顺宏观审慎和微观审慎管理框架，搭建系统性金融风险的应对框架，建立对创新性和综合性金融业务的管理和协调机制。

中期目标（3~5年）：通过建立宏观审慎、微观审慎、市场行为、金融中小投资者和消费者保护等四个支柱，建立职能清晰、分工合作、兼顾安全、发展和效率的现代金融监管体系，实现我国的金融监管从金融分割走向合理分工、从行政数量管控转向市场价格调控。

其次，金融监管改革应遵循以下基本原则。

一是要以金融体系稳健、高效、包容式发展作为金融监管体系设计的最终目标。

二是要区分利益协调、政策决策和政策实施，将政府对金融业的多重目标协调、政策决策和政策实施分层落实和考核。

三是监管机构的调整要以监管理念转变为基础，合理确立风险管理的水平分工和垂直分工。

四是要保证充足的监管资源。

五是在愿景清晰的情况下采取问题导向的分步改革策略。

再次，综合考量现有方案。

目前市场上主要存在三类改革方案。这三类改革方案都有一定的合理性，但均存在一些不足——基本都是"外科手术"，改革主要聚焦于组织架构的调整，基本没涉及监管理念的变革。但我国金融监管改革最大的难点，恰恰在于尚未提出一套被各方普遍接受、适合我国国情的、基于金融现实运行的有效风险管理的理论体系。

最后，方案设计和改进建议。

一是重塑金融监管理念。在价值观层面，要扭转"唯有政府直接掌控金融资源才会带来利益最大化"的旧意识，树立"只有建设高效的金融体系才能带来最大国家利益，而政府只有放手让市场机制发挥作用才能真正提升金融效率"的新理念。在技术层面，要改变过去几十年以数量的增长来衡量金融改革和发展的成效并以此为政策导向的做法，将金融发展质量的提升作为今后的监管政策取向。

要处理好经济发展、社会稳定和金融风险的关系。从"守住不发生系统性、区域性金融风险的底线"的防守型思维，转向"用小震释放应力、主动化解风险，防止出现大震"的进取型思维，通过加快结构调整、促进金融机构重组和优胜劣汰等措施，积极防范系统性金融风险。

调整政府行为模式需要改变目前金融管理部门管得过多、过细、过严的"父爱"式做法，将自上而下"管"金融机构和"管"市场的行政官员心态，转变为尊重市场和金融家的合作式心态。加强决策前与市场的沟通，提高监管的专业能力。切实下放行政权力，降低金融机构的监管成本。

二是近期改革重点：问题导向的职能重设和监管协调。

①做实金融监管协调办公室职责，强化过渡期的金融监管协调和监管理念的重构工作；②明确货币政策、宏观审慎和微观审慎的边界；③构建监管信息共享机制；④划分中央和地方金融监管职能。

三是中期改革重点：组织机构的重构。

①组建综合的金融监管委员会。在未来3~5年内将目前的银监会、证监会、保监会合并，设立综合的金融监管委员会；打散现有的三会设置，下设微观审慎管理局、市场和行为管理局。②将分散于各个监管部门的中小投资者和消费者保护机构统一为中小投资者和消费者保护局。

目录

我国金融监管架构重构研究

一、我国金融发展和金融监管面临的问题

（一）我国金融监管架构确立以来的金融发展与变化

我国现行金融监管架构形成过程长达二十余年。20 世纪 80 年代，金融监管职责全部由人民银行承担。由于金融业和市场刚刚起步，当时的金融监管是十分粗放和简单的。1992 年国务院证券委员会（简称"国务院证券委"）和中国证券监督管理委员会（简称"中国证监会"）宣告成立，标志着中国证券市场统一、专业化监管体制开始形成[①]。1998 年 11 月，中国保险监督管理委员会（简称"中国保监会"）成立，将保险监管职能从人民银行（通过所设人民保险公司实现其监管职能）剥离出来，提高了保险监管的独立性与权威性。2003 年，根据人大批准的国务院改革方案，国务院将中国保监会由国务院

---

① 1995 年 3 月，国务院确定中国证监会为国务院直属副部级事业单位，是国务院证券委的监管执行机构。1997 年 8 月，国务院将上海、深圳证券交易所统一划归中国证监会监管；同年 11 月召开的中央金融工作会议决定对全国证券管理体制进行改革，对地方证券监管部门实行垂直领导，并将原由中国人民银行监管的证券经营机构划归中国证监会统一监管。1998 年 4 月，将国务院证券委与中国证监会合并组成国务院直属正部级事业单位。

直属副部级事业单位改为国务院直属正部级事业单位，相应增加职能部门、派出机构和人员编制。同时，设立中国银行业监督管理委员会（简称"中国银监会"），为国务院直属正部级事业单位，从中国人民银行划入银行业金融机构的监管职责。中国人民银行不再承担对银行业金融机构的监管职能之后，除继续履行货币发行、外汇管理、国库经理、支付清算等职责外，还突出了"一个强化、一个转换、两个增加"：强化与制订和执行货币政策相关的职能；将过去对银行业金融机构直接管理的方式转变为防范和化解系统性金融风险、维护国家金融安全；增加反洗钱和管理信贷征信业两项职能。至此，"一行三会"分业监管的格局得到确立，并沿袭至今。

中国金融监管架构确立的 13 年来，金融体系发生了巨大的变化。这种变化主要表现在以下方面。

1. 金融机构种类、业务和规模快速增长

13 年前，我国金融机构种类相对单一，金融机构数量和金融资产规模都相当有限（表 1）。根据《中国金融统计年鉴 2004》提供的数据，2003 年末我国共有 3 万余家银行业金融机构（其中大多为农信社）和 300 余家非银行业金融机构，包括证券公司、信托公司、财务公司、金融租赁公司、基金管理公司等，金融机构资产约 50 万亿元；上市公司 1287 家，股票市值 42456 亿元，债券市值 4068 亿元。而到 2015 年末，尽管因农信社改制导致银行业法人机构大幅度减少，但金融机构种类增加。金融机构资产合计超过 210 万亿元。从存贷款情况看，2003 年末人民币存款余额 20.8 万亿元，贷款 15.9 万亿元；2015 年末存贷款分别达到 135.7 万亿元和 93.4 万亿元。2015 年末，中国 A 股上市公司 2827 家，市值 53.1 万亿。在保险市场，2003 年收入保费 3880 亿元，保险资金运用 8738.5 亿元；2015 年保费收入 2.4 万亿元，成为全球第三大保险市场，保险资金运用 11.2 万亿元。保险业总资产

2003 年为 0.91 万亿元，2015 年达到 12 万亿元。

表1　　　　　2003～2014 年金融机构数量、结构变化情况①

类　型	金融机构名称	2003 年（家）	2014 年（家）
银行业金融机构	政策性银行	3	3
	大型商业银行	5	5
	股份制商业银行	11	12
	城市商业银行	112	133
	农村商业银行	3	665
	农村合作银行	0	89
	信托公司	74	68
	财务公司	74	196
	农村信用社	33979	1596
	邮储	0	1
	金融资产管理公司	0	4
	外资银行法人机构	0	41
	金融租赁公司	12	30
	货币经纪公司	0	5
	汽车金融公司	0	18
	消费金融公司	0	6
	村镇银行	0	1153
	贷款公司	0	14
	农村资金互助社	0	49
	民营银行	0	5
	信托业保障基金公司	0	1
证券业	证券公司		125
	公募资产管理机构	34	112
	期货公司	186	150
保险业	保险公司	61	174

　　金融机构数量、种类不断增加和金融资产规模不断扩大，不仅意

---

① 中国银监会年报仅出至 2014 年。证券业和保险业数据为 2015 年末。

味着中国金融业和金融市场对经济的影响力加大、贡献度提升，也意味着潜在金融风险加大和金融管理的难度增加。

2. 金融混业经营活动不断增加，跨业协同形式趋于多样化

随着金融业务活动的扩大，我国金融机构在业务层面早已打破过去分业经营的格栅。一些金融机构或实业机构通过设立金融专业子公司、与金融机构合作等方式，事实上已经进入了以前不能进入的金融领域。从现实情况看，这种混业经营有如下多种形式。一是以资本渗透方式进入银行、证券、保险、信托等领域，如中信、光大、平安等①金融机构，和宝钢、新希望等实业公司。二是在业务整合和拓展新业务的过程中逐步实现跨业。如四大资产管理公司在前一轮处置银行不良资产的使命基本完成后，开始利用自身业务优势向投资银行、金融租赁、信托、团体险等领域延伸。三是地方政府通过设立金融控股公司搭建统一平台，将区域内的银行、证券、保险、信托、财务、担保、小贷等机构重新整合，实现跨业经营。四是金融机构之间、金融机构与非金融机构之间通过合作，进入本经营领域之外的范畴。特别是随着互联网金融的发展，利用互联网平台，很多企业实现了跨专业领域（例如信贷、信托、保险、基金、租赁、征信与信用评估、资产交易）的业务拓展。

与金融混业经营相对应的，是金融分业监管体系的不适应性。目前的法律和部门规章都未明确金融控股公司的法律地位，但在现实中已经存在不同模式的金融控股公司，对金控公司的监管已经形成盲点。

---

① 中信已改制为纯粹型控股公司，母公司不再经营业务。2014 年 12 月 8 日，中国光大（集团）总公司由"国有独资企业"改制为"股份制公司"。该模式的突出特征是非银行金融机构控股商业银行等金融机构。

3. 正规金融体系之外的类金融机构快速发展

随着地方经济的快速发展，正规金融体系的服务能力和水平远远不能满足实体经济的需求。在中央政府的认可或默许下，在地方政府的积极推动下，各种类金融机构在近十年内得到快速发展。下面介绍几种比较典型的类金融机构。

（1）小额贷款公司

截至2015年末，小贷公司机构数和贷款余额分别为8910家和9412亿元。尽管受经济下行压力加大、小贷公司行业风险不断暴露等因素的影响，小贷公司行业扩张速度已显著放缓（参见图1），但行业秩序混乱的问题仍很突出。超利率上限放贷、财务造假、账外经营和抽逃资本金等行为相当普遍，一些小贷公司还存在非法吸储、变相集资和暴力催债行为。

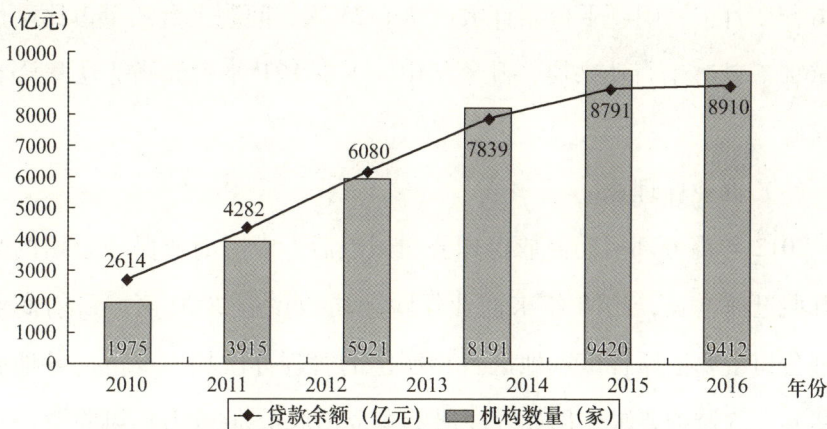

图1 2010~2015年小贷公司机构数及贷款余额

资料来源：中国人民银行。

（2）融资性担保公司

截至2013年末[①]，全国融资性担保行业共有法人机构8185家，在

[①] 2013年后没有公开统计数据。

保余额 25700 亿元。融资性担保行业在运作中，存在缺少可持续商业模式、违规行为盛行等突出问题。

（3）融资租赁公司

截至 2015 年末，全国融资租赁企业总数为 4508 家，比上年底的 2202 家增加了 2306 家，其中，金融租赁企业 49 家，非金融租赁企业 4459 家①，注册资本金合计超过 1022 亿元。融资租赁公司的市场约束较强，商业模式也较为成熟，但仍存在政策不配套、立法滞后等问题。

（4）网络金融

在网络金融中，发展最快的是 P2P 平台。根据"网贷之家"的统计，截至 2016 年 2 月，P2P 平台累计数量已达 3944 家，累计贷款余额 5006.37 亿元，分别比 2011 年末的数据增长了 78.8 倍和 385 倍。由于既没有门槛也没有监管，问题平台大量出现。从绝对数量看，截至 2016 年 2 月末，问题平台累计数已达 1425 家，问题平台数量占比已达到 36%。就整个行业来说，乱象丛生，不少 P2P 平台涉嫌非法集资和欺诈。

（5）商业保理业

2012 年商务部启动商业保理公司试点后，中国商业保理公司的数量开始迅速增长，2015 年末商业保险公司数量近 2000 家。目前商业保理公司主要依靠各试点地区自行制定的管理办法加以规范。各地有一些共性的监管要求，例如：注册资本金不低于 5000 万；风险资产不超过净资产总额的 10 倍；鼓励自律监管等。相比银监会对银行保理业的监管，商务部门对商业保理业的监管力度要弱得多。

随着这些金融体系外的类金融机构的快速发展，规范和防范风险

---

① 注册在运营的融资租赁公司约 1350 家，其中，金融租赁公司 25 家，内资试点租赁公司 123 家，外商投资租赁公司 1202 家。

的问题日益突出。按照现行"谁的孩子谁抱走"的原则，上述类金融活动基本都属地方管理，由于地方经济和政府能力差异巨大，造成大量监管空白和监管套利空间。

4. 交叉业务和跨领域套利活动不断增加

近年来，在盈利压力增大、资本约束强化、风险指标监管趋严的大环境下，银行为规避监管、增加盈利，大力开展影子银行业务。其手法，一是通过同业市场，把受监管约束多的贷款转变成约束少的同业资产来获取收益[①]；二是借"投贷联动"名义，将贷款转为投资；三是推进通过"金融创新"，将同业业务种类由传统的同业存放、同业拆借、债券回购等，扩展到诸如转贴现、信托受益权、信贷资产转让与回购、同业代付、买断式回购、票据对敲等。2015 年 3 月开始，在牛市氛围之下，场外资金源源不断流向股市。这些场外资金，大多来自银行（伞形信托 2 倍杠杆）、小贷公司和互联网金融（1:3、1:5 配资）。这种高杠杆配资在市场掉头向下时，又大规模抽身造成踩踏，导致出现股指断崖式下跌的系统性风险。随着股市回暖，部分股份制银行通过券商、基金等通道再次开展股票配资业务。一些互联网金融平台和民间地下配资机构也死灰复燃。

上述交叉业务和跨业交易行为虽然对活跃国内金融市场、丰富金融产品、提升金融效率、创新金融运行方式等有一定的积极意义，但同时也带来了一些不容忽视的风险隐患，突出表现在：银行同业业务结构过度错配增大了市场流动性风险；部分资金流向了高风险领域（如地方政府融资平台、房地产、产能严重过剩行业等）；一些买入返

---

① 例如，商业银行通过过桥银行发行理财产品，该产品投向信托受益权或票据受益权，然后由该商业银行用买入返售方式与理财产品对接，从而转为同业资产。同业的风险权重只有 25%，若直接对应信托受益权则是 100% 的风险权重。

售业务实际扩大了信贷资产总量却未纳入统计，影响了货币调控；相当数量的资金在银行、小贷公司、担保公司、基金公司等机构之间循环，没有进入实体经济等。此外，随着影子银行业务的发展，风险表现也更为复杂；部分同业业务风险异化为非同业风险，信贷风险异化为投资风险。一旦某一环节出现问题，风险就有可能在不同市场交叉蔓延和传染。

（二）现有金融监管体制的不适应性

1. 分业监管体制与混业经营模式不相适应

首先，按现行分业监管的体制，机构监管与业务监管是分离的。"三会"监管的对象，是各自分工领域内的金融机构。这种以机构为对象的监管体制，一方面割裂了同一机构内部不同业务之间的联系，导致同类业务因市场主体种类的不同而产生监管规则和标准的差异。由此必然会增大金融机构与监管部门之间的博弈空间（套利空间），加大跨部门信息沟通的难度，在很大程度上影响了风险防控。另一方面，现有监管模式也不利于不同业务之间的协同，产生"为某类业务单设一类金融机构，某类机构只能做某项业务"的结果（例如，信托业务只能由信托公司来做，消费信贷公司和汽车金融公司是不同的两类公司）。以银行业金融机构为例，目前已经划分出 20 种类型的机构，每类机构在监管指标和要求上均有不同程度的差别。这种以"机构"而不是"功能"为主要监管对象的体制，必然会产生监管重叠、监管空白、服务低效等不良后果。

其次，在金融控股集团数量不断增多的情况下，对金控集团缺乏法律规范和跨业风险的监管。我国金控公司在银行、证券和保险子公司之间以及金融与实业之间，基本没有建立有效的"防火墙"，单个机构的安全不能得到充分保障。同时，集团公司下属各子公司、孙子公司之间存在大量不良关联交易。在贷款、投资、担保、理财、代售、"后台"管理、流动性管理等多个环节的风险都可能传播至其他关联公司甚至集团公司。而对这些问题，现有监管体制是无法控制的。

2. 监管规则不一致很容易导致市场不公平

以融资租赁为例，目前我国有金融租赁、外资租赁、内资租赁三种公司形态。尽管经营内容毫无差别，却因公司形态的不同，在注册资本、融资便利、监管指标等方面存在巨大差异，破坏了市场的统一性和公平性。再以保理业务为例，商业保理和银行保理本质上都是保理业务，但我国却采取了两套不同的监管体系。银行保理受银监会监管，商业保理归属地方政府管理，形成分割的监管体制。两种体制之间，在监管的宽严程度、竞争环境等方面均有不同。一方面，银行保理受到更加严格的监管和业务限制；另一方面，商业保理企业被排除在人民银行征信系统使用许可的范围之外，在结售汇、税收、融资等方面的竞争能力也远不如银行保理。

3. 现有金融监管机制存在低效、碎片化的缺陷，同时存在各自为政、缺少配合的问题

例如，利率市场化需要汇率机制的配合、建立基准利率曲线需要国债政策配合、发展金融衍生品需要央行和金融监管部门配合、化解债务风险需要财政政策和货币政策更加协调等。但在现有体制下，这种配合困难重重。2013 年 8 月成立的金融监管部际联席会议在防范化解金融风险、协调解决行业共性问题等方面发挥了一定作用，但问题仍然突出。一是只建立了相关部委之间的协调议事机制而非决策机制，效率不高；二是没有明确的职能定位和工作目标，权、责、利不清（设在人民银行的联席会议办公室也非专职机构，只有1~2个人负责开会等具体事项）；三是缺少外部人士（包括专家学者、行业协会、资深业界人士等）参与，难以呼应现实诉求和集思广益。

4. 不能有效应对新型金融机构、类金融机构快速发展带来的风险

现行的金融监管体系是以"一行三会"为基本架构的、自上而下的垂直式金融监管。近年来，随着地方经济和地方金融的快速发展，特别是"自下而上"的民间金融创新日趋活跃，现行模式在地方金融监管方面的弊端不断显现。其中最突出的表现是，"一行三会"中，除中国人民银行在县域有较为完整的机构设置外，"三会"在地市以下，特别是县级及以下区域出现了严重的监管真空。县一级银监办只有1～2人，证券业、保险业监管部门在市县两级则没有机构。而大多数村镇银行、小额贷款公司等地方中小金融机构都设在县、乡镇甚至行政村，让金融监管部门鞭长莫及。既无法有效防控风险，又严重制约了地方金融的创新发展。为弥补中央金融监管的缺失，地方政府已在实际上承担了部分监管职责，比如，2004年国务院将农信社管理权限下放给省级政府，2008年央行和银监会委托地方政府负责小贷公司的准入和监管等。

但是，尽管地方政府已在事实上广泛参与地方金融监管，但却面临着严重的金融监管权力和能力与风险处置责任不对称问题。由于区域性金融风险与地方经济存在复杂的内在联系，地方政府承担主要风险处置责任有其合理性和必然性，但地方政府却不具有与之对称的金融监管职责。一方面，地方政府承担的部分金融监管职责"有形无实"，既没有明确的法律依据，也没有统一的监管职能部门，更缺乏规范、科学的监管制度和标准；另一方面，地方政府并不拥有城商行、农信社等地方法人金融机构的监管权，无法及时获取有效的监管信息。权责分离和监管信息不对称造成地方政府在风险处置过程中非常被动，既缺乏应有的预见性，难以进行事前风险防范，也缺乏足够的有效性，难以保证事后处置效率，并加大了风险处置成本。

此外，地方政府往往面临"促进金融业发展以推动经济"与"金融风险防控"的两难选择。一方面，地方政府为发展本地经济迫切需要大量的金融资源，在"发展"与"风控"之间难以取舍；另一方面，地方政府对部分金融机构拥有资产和人事管理权，同时作为股东和监管者，存在较大的利益冲突。在一些地方，金融办的首要职能是融资和招商，其次才是监管和化解风险。制定社会融资负责规模和贷款任务、对地方金融机构（如农商行、农信社、村镇银行）的贷款等贡献进行考核排名成为金融办的重要工作，这种做法无疑会导致风险累积。

二、金融监管框架的争论

（一）金融监管理论的历史演进概述

金融监管在 20 世纪 70 年代晚期到 80 年代早期这一段时间内形成了独立的政策研究领域。在 70 年代，部分发达经济体的金融监管理念由金融抑制转为金融自由化，并由国内的自由化发展到国际性的自由化。在金融自由化的理念下，财政政策、货币政策和金融监管彼此之间的联系逐渐减弱。随后，在 80 年代后期到 90 年代早期，发展中国家和新兴经济体也加入了这一金融自由化的过程中。1973~1975 年的英国银行业危机，以及随后几年的拉丁美洲国家的经济危机使学术界和实务界认识到建立一致的金融监管框架的重要性。此后学术界围绕若干热点论题，就金融监管的效率与效果进行了许多研究。

第一个论题是货币政策与金融监管的关系，关键的问题是金融监管和货币政策是否应该全部交由中央银行负责还是分设不同的监管机构。

第二个论题是非银行金融机构的监管问题。在监管理论成型的第一个十年里，学界关于金融监管的讨论毫无例外地只涉及银行监管，几乎没有关于诸如证券公司、保险公司、退休基金的监管问题的讨论。但是，由于金融机构间的业务界限日渐模糊，在 20 世纪 90 年代中期，学术界掀起了另一场讨论，即银行和其他非银行金融机构应当统一监管还是分业监管的问题。

第三个论题是监管治理的问题。在 20 世纪 80 年代后期，美国储贷协会危机的爆发已经使一部分学者意识到监管治理的问题。其后，1997～1998 年的亚洲金融危机促使学术界对监管治理的问题进行了更深层次的思考，因为理论和实务界都指出，正是由于金融监管部门迫于政府部门的压力实行的某些措施形成了这次主权危机的传导链条。

最后，2008 年开始的全球金融危机使宏观审慎监管有了长足的发展。宏观审慎是相对于传统的微观审慎而言的。然而不论是宏观审慎还是微观审慎的实施，都包括了前述的所有议题。因此，学术界又重新开始了对前述的各个问题的讨论，金融监管理论也由此开始了再一次的变革。

尽管现有的文献已经对涉及监管效率和效果的诸多关键问题进行了广泛的讨论，但是学术界关于这些问题始终没有得出任何确切的结论，并且在经历每次新的经济危机后，这些问题又会被重新提出和讨论。因此，对这些问题的探索和研究似乎远没有结束。本节将借助几个重要的时间节点考察金融监管的演进过程。我们将理清金融监管演进与变革的几个重要阶段并详细考察每一次变革的内容，包括监管结构、央行的作用、监管治理、审慎政策等。

（二）金融监管的发展阶段概览

1. 金融监管政策的独立

金融监管成为一个相对独立的政策是 20 世纪 70 年代后期部分发达经济体实行金融自由化之后的事情。自二战结束到 20 世纪 70 年代这一段时间内，发达经济体奉行凯恩斯主义经济学，经济体系受到国家的严格调控。这一段时间对金融机构和金融体系的主流政策被 McKinnon（1973）和 Shaw（1973）称为"金融抑制"。这一政策的主要特点是银行的普遍国有化，对商业银行的严格监控（包括贷款配额、贷款定向、利率管制、高准备率等），政府控制中央银行，央行融资解决政府赤字问题等。这一政策旨在帮助政府在战后重建经济体系，并实现经济的恢复和发展。

在这一段时间内，货币政策实际上普遍从属于财政政策，没有自己的明确目标。银行系统收到严格的管控，但是所谓的"审慎监管条例"是不存在的。美国有类似银行监管的活动，但是那些措施不过是对商业银行的行政管控（Lacoue-Labarthe，2003）。英国有银行业的自律组织，但那不过是一种卡特尔组织，不是实施审慎监管的机构（Goodhart，2007）。理论上一些金融管制的措施，如一些限制商业银行活动的规定，在这一段时间内间接地扮演了审慎监管的角色（Hall，1993）。但是实际上，在许多国家，诸如信贷配给、定向贷款、利率补贴等措施导致了贿赂和腐败盛行，以及严重的资源错配问题，从而导致银行不良贷款增多、资本受到侵蚀，最终政府不得不将问题银行进行资产重组。

另外，政府的凯恩斯主义政策不仅没有达到促进经济增长的理想效果，甚至加重了金融体系的问题。于是，一些学者如 McKinnon（1973）和 Shaw（1973）建议放松对金融机构的管制，以更好地配置金融资源。随后，以英美为首的西方国家开始了金融自由化的过程，并由国内的金融自由化发展到国际性的金融自由化。在这一段时间内，金融机构间的竞争日渐激烈，风险也随之增加。在某些国家，如拉丁美洲的一些国家，金融自由化的过程伴随了金融危机的爆发，并且宽松的金融监管加深了危机的影响（Diaz-Alejandro，1985）。当时越来越多的实证证据表明金融机构内部的风险管理和治理有很大缺陷，无法控制和避免风险积聚将导致负外部性。因此，经济体系急需对金融机构进行适当的监管，从而产生了"审慎监管"的概念。

当时西方学术界支持对金融机构进行监管的理由有：限制垄断、保护投资者、保持金融体系的稳健运行。其中，基于后两个理由，学界认为比起其他部门，需要对金融机构进行更加严厉的监管。这是因为在金融抑制的年代里金融部门与其他第三产业服务部门在监管上没有区别，但是在金融自由化政策下，金融部门成为了经济体系中的核心部门，其在经济体系中的地位空前重要。从而，金融体系的稳定就变得非常重要，于是产生了诸如巴塞尔委员会等银行监管组织。并且，随着"审慎监管"成为一项相对独立的政策，学术界对于这一领域的研究也日渐丰富起来。

2. 金融监管理论的发展

自从金融监管成为一项相对独立的政策后，经济学界一直在探讨金融监管相对于其他经济政策的地位，以及如何使得金融监管更加有效的问题。表2列出了自从金融监管成为相对独立的政策领域后的理论变迁的大致时间线。

（1）中央银行在金融监管中的作用

在金融监管理论里第一个吸引学界广泛讨论的问题是金融监管与货币政策的关系，即金融监管是否应该交由中央银行实行。Goodhart

表 2　　　　　　　　　　金融监管理论的变迁时间线

时　间	驱动因素	金融监管理论	监管规定	货币政策	金融稳定性
1950 ~ 1970 年	"金融抑制" 模式	货币政策、金融监管和财政政策没有相互独立，前两者从属于财政政策；金融监管和货币政策由中央银行执行，并由政府严密控制			
1970 ~ 1980 年	70 年代中期发达经济体开始金融自由化				
	1973 ~ 1975 年英国边缘银行危机；1973 年富国银行倒闭；1975 年赫斯塔特银行倒闭	认识到对银行的审慎监管是独立的金融政策	出现 "审慎监管" 的称谓	金融市场的发展；物价稳定逐渐成为央行唯一目标	
			1974 年巴塞尔银行监管委员会成立		
1980 ~ 1990 年	国际的金融自由化催生大型跨国金融机构		1988 年《巴塞尔协议》	央行独立性提高以减弱时间不一致问题	
	拉丁美洲金融危机				
1990 ~ 2000 年	1991 年 BCCI 破产；1995 年巴克林破产	金融机构间的业务界限更加模糊			
			1996 年《巴塞尔协议》		
	金融机构间的业务界限更加模糊				

续表

时　间	驱动因素	金融监管理论	监管规定	货币政策	金融稳定性
1990~2000 年	英国金融服务局(FSA)成立	监管架构的争论开始(是否统一监管？中央银行的角色？)		通胀目标制成为发达经济体央行通行的做法，更强调央行透明度和可测性	
	1997 年亚洲金融危机；俄罗斯金融危机等		《巴塞尔协议Ⅱ》开始起草		认识到金融稳定性是相对独立的政策目标
2000~2010 年	"大稳健"时期	关于监管治理的讨论			一些央行建立了"金融稳定部门"，但是缺乏明确的政策工具和可测量的目标
	2007 年开始的次贷危机，再到全球金融危机				
2010 年至今		金融危机的教训：区分微观审慎和宏观审慎；重新讨论监管治理和中央银行的监管角色问题	《巴塞尔协议Ⅲ》	出现对通胀目标制的质疑	宏观审慎政策的独立，促使金融稳定被确立为央行的职责；明确维护金融稳定的政策工具

资料来源：Masciandaro，Quintyn，2013。

和 Schoenmaker（1975）总结了学术界的不同观点，其后又有学者对这一问题进行了更多的考察。这一问题的提出主要是基于以下考虑。首先，随着中央银行和货币政策的独立性不断增强，以及金融监管政策的相对独立性不断增强，学术界自然而然地开始考虑货币政策与金融监管政策是否也应当交由不同的机构实行而非将权力全部交给中央银行。根据 Goodhart（2007）的研究，在历史上两种模式都存在。其次，银行业出现过的几次大问题（比如1991年发生的国际商业信贷银行倒闭事件）增加了人们对中央银行实行金融监管的疑虑。最后，银行与其他金融机构间的界限越来越模糊，因此学界对于中央银行是否应当同样负责监管这些非银行金融机构也是有疑问的。

传统上，金融监管的职责可能会被赋予中央银行，或者另设立的政府机构，或者两者皆有。如在英国，金融监管一开始是被赋予了中央银行；而在美国，监管机构不仅包括美联储，还有联邦存款保险公司（FDIC）和美国通货监理局（OCC）。而中央银行一般还会承担银行系统最后贷款人和货币政策执行者的职责。在货币政策和金融监管政策逐渐从财政政策中独立出来之后，学术界对于金融监管是否应当从中央银行独立出来的问题产生了争论。金融监管与制定货币政策的权力集中于中央银行的做法可能会导致潜在的利益冲突问题，这也是中央银行在金融监管中的定位难以确定的根源。作为经济体系中的流动性提供者和最后贷款人，央行自然有防止银行发生系统性风险的责任（Goodhart 和 Schoenmaker，1995；Masciandaro，2007；Rochet，2004；Nier，2009；Blinder，2010 等），即有对银行体系进行宏观审慎监管的责任。但问题是中央银行是否也有对银行进行微观审慎监管，即监管单个银行业务的责任呢？这一疑问由来已久，远早于人们开始区别微观审慎和宏观审慎的时间，并且时至今日学术界仍然没有比较一致的意见。迄今为止关于中央银行是否应当参与微观审慎监管的意见以及理由见表3。

表3 中央银行参与微观审慎监管的利弊比较

央行参与监管的优势	央行参与监管的劣势
信息优势和规模经济	被监管银行的道德风险
人力资源优势（央行工作人员具备实施金融监管的专业能力）	增加市场的不确定性
	央行同时执行金融监管和货币政策的利益冲突问题
	央行的监管俘获问题
	央行权力过大的担忧

资料来源：Masciandaro，Quintyn，2013。

关于中央银行是否应该参与微观审慎监管至今还没有一致意见，而且就这一问题进行实证研究的文献还较少、较新。Arnone 和 Gambini（2007）研究了不同国家央行在金融监管中的地位与对巴塞尔核心原则的遵守程度的关系，结论支持了中央银行应多参与金融监管的观点。而 Eichengreen 和 Dincer（2011）发现，在中央银行外另设金融监管机构的国家其金融市场表现更好，这一结论支持了中央银行应当少参与金融监管的观点。也有另外一些文献没有发现中央银行的参与程度与金融监管质量之间的显著关系，如 Cihak 和 Podpiera（2007）。从监管实践上看，根据 IMF 在 2013 年的一项统计，在 1998～2009 年间，世界范围内的金融监管改革呈现集中化和专业化的趋势，即金融监管机构设置越来越少，监管机构的职责越来越专业和明确。对于中央银行来说，其独立性越来越强，职责越来越集中于保持物价稳定，而不再是承担全部的金融监管责任，如英格兰银行、欧洲中央银行、美联储和日本银行。但是，这不意味着中央银行不再承担金融稳定性的责任，而是从宏观经济和货币政策执行的角度进行干预。实际上，在全球金融危机后，中央银行承担的金融稳定的责任反而有所增加。总体上，在全球金融危机之前，中央银行的金融监管责任越来越少，表明在监管实践中，中央银行专注于货币政策的制定和实施，同时另设专业的金融监管机构负责微观审慎监管是越来越流行的做法。

（2）分业监管还是统一监管

在20世纪90年代后半叶，金融全球化和综合性金融机构的兴起促使学界开始重视讨论监管结构的问题，即应当是分业监管还是统一监管。与此同时，影子银行体系也开始蓬勃发展，成为银行的强力竞争对手。由于这些非银行金融机构的崛起，相应的监管机构相继成立。但是同时，学术界也对这种分业监管的模式是否合适产生了疑问。比如，作为传统的分业监管模式的替代模式，Taylor（1995，1996）提出了"功能性监管"的模式，即将业务监管和审慎监管分开的模式。另外，在这一阶段的发展中，对于中央银行在金融监管中的定位学术界仍然没有普遍的共识。

具体来讲，关于最优的监管架构的讨论是从1997年英国政府决定将银行监管的权力从中央银行转交给金融服务局（FSA）开始的。斯堪的纳维亚金融危机后，相关国家就对金融监管架构进行了调整，整合了不同部门的监管权力，后形成了西方国家的第一个统一监管的架构。当然，有学者认为（如 Abrams 和 Taylor，2000），统一监管的架构之所以适合这些国家是因为这些国家的经济体的规模太小，不适用于分业监管。直到1997年英国政府进行了类似的监管改革，这一监管架构的问题才在全世界引起了广泛的讨论。根据对世界上102个国家或地区的统计，在1998~2008年间，66%的国家或地区进行了统一监管的改革。从理论上讲，在金融机构间的业务界限越来越模糊的现实下，相比于分业监管，统一监管似乎是更好的选择（De Luna Martinez 和 Rose，2001；Lanoo，2000；Briault，1999）。但是也有学者提出了不同意见。例如，Hawkesby（2000）以及 Kahn 和 Santos（2001）认为，在不同的经济体系下，可以对不同的监管架构的收益和成本进行比较，从而确定较好的监管架构。在这一收益成本分析法的框架下，学术界对何种监管架构更好始终没有定论（如 Briault，1999；Llewellyn，1999b；Goodhart，2002；Taylor，1995；Barth、Nolle、Phumiwasana 和 Yago，2002）。同样地，在诸如统一监管当局与政治体系的关系（如 Briault，1999；Llewellyn，1999b；Lannoo，2000）、统一监管与投资者非理性行为（如 Llewellyn，1999b；Lannoo，2000）等相关问题上，学术界也同样存在争论。

（3）金融监管的治理

第三个引起学术界注意的是监管治理的问题。在 20 世纪 80 年代的储贷协会危机时，开始有学者注意到这一问题。例如，Kane（1989）和 Randall（1993）的研究表明，监管容忍是造成储贷协会危机的主要因素之一。监管容忍是指监管机构对不稳健的金融机构不进行监管干预，以期寻求其他解决办法。这往往导致问题金融机构的问题日益恶化，从而使监管机构再处理这一问题时需要付出更大的成本。造成这一现象的原因往往是监管机构受到政治干预、利益集团的压力，或者是监管机构出于自身利益的考虑。这都属于监管机构没有被正确激励，是监管治理失败的表现。Kane（1989）的研究指出，出于自身利益的考虑，对问题金融机构视而不见是导致储贷协会危机的主要原因。监管机构之所以会这么做是因为若对问题银行进行处理，可能会使政府和公众认为银行出问题是由于监管失责，从而损害监管机构自身的声誉。Boot 和 Thakor（1993）的研究也得出了类似的结论。

储贷危机后一段时间内，金融监管治理文献的研究内容集中于针对金融监管者的激励契约、报酬安排以及可测量的监管表现指标上，并着重研究如何设计政治上独立而且有动机对问题机构进行干预的监管机构。Benston 和 Kaufman（1988）在其研究中提出了一种事先的资本率指标体系，以决定监管机构如何对问题机构进行干预，他们称之为"结构化的早期介入和干预"（SEIR，Structured Early Intervention and Resolution）。美国政府在1991年的《联邦存款保险公司促进法案》中采纳了这一建议并制订为"迅速纠正行动"（PCA）。这一研究也引起了学术界关于监管机构应该"遵守规则"还是"择机行动"的争论。SEIR 实际上是一种政策规则，旨在减少储户的损失，也是对监管机构的激励安排。其后，日本、韩国和墨西哥也仿效美国建立了类似的制度，也有其他国家在考虑是否建立类似的政策规则。

1994～2003年间在诸多国家发生的金融危机使得监管治理的问题受到了前所未有的重视。监管治理的问题之所以受重视，主要有三个原因。首先，在20世纪90年代发生的几次金融危机中，金融监管机构缺乏独立性被认为是使这些危机加深的主要因素之一（Lindgren 等人，1999；Rochet，2003）。其次，1988年至全球金融危机爆发的这一段时间里中央银行的金融监管职责越来越少，这使金融监管机构的独立性问题变得更加重要。因为若中央银行负责金融监管，金融监管可以借中央银行的独立性从而获得自身的独立性；若金融监管机构从央行独立出来，那么政府需要重新赋予金融监管机构独立执行监管职责的权力。最后，货币政策的相对独立能解决中央银行的激励问题，但是学术界在这段时间发现对于金融监管来说，其政策的独立性并不能完全解决监管机构的激励问题。Hupkes、Quintyn 和 Taylor（2005）在研究中指出不同于中央银行有明确可测量的目标（如物价稳定等），金融监管机构的目标难以定义和测量。因为这个原因，基于委托代理理论设计的监管机构的激励契约必然是不完全的（Quintyn 和 Taylor，2007）。而根据 Majone（2005）的研究，不完全契约导致监管机构尽责程度不足，并可能有监管容忍的行为。

由于金融监管的过程中会面临诸多意外事件，并且这些事件可能会导致"监管俘获"的问题，因此政府通常不愿使监管机构有太多的独立性。从而，为了对监管机构进行有效的激励，更好的做法是为监管机构设计详细的可测量的监管指标（Hupkes、Quintyn 和 Taylor，2005；Masciandaro、Quintyn 和 Taylor，2010）。Quintyn、Ramirez 和 Taylor（2007）在其研究中定义了监管独立性和可测量性的一种度量，并用这种方法对各国金融监管机构进行了评价。Masciandaro、Quintyn 和 Taylor（2010）在研究监管治理结构变革的决定因素时，发现中央银行是否是主要金融监管机构、监管统一的程度与监管的独立性没有显著关系，但是与监管的可测量性有显著关系。

（4）全球金融危机与宏观审慎监管

最后，2008～2009 年的金融危机对金融监管理论产生了深远影响。它使所有前述的问题需要重新讨论，并导致了新议题的出现，即宏观审慎与微观审慎的分离。宏观审慎与微观审慎的分离对于中央银行在金融监管中的作用、在宏观审慎观念下监管机构的调整以及监管治理的影响都有十分重要的影响。关于宏观审慎以及相关问题的讨论方兴未艾，并且在未来一段时间内仍然是研究热点。

根据现有文献，关于造成全球金融危机的监管架构方面的原因主要有两个方面。一方面，Leijonhufvud（2009）指出美国的"多头监管"模式是造成金融危机的主要原因之一。Buiter（2008）以及英国金融服务局（FSA）（2009）的研究表明 FSA 与英国中央银行未能默契合作是造成北岩银行挤兑事件的原因之一。另一方面，受危机影响较大的国家普遍缺乏宏观审慎和系统性风险监管机构，这被认为是监管架构的重大失误。此外，也有大量文献研究了造成全球金融危机的监管治理方面的原因。Palmer 和 Cerutti（2009）对这一领域的研究做了详尽的阐述。他们总结的监管治理方面的问题包括监管的独立性和可测性较弱、对监管机构的激励错误、监管机构的专业技能与金融机构的技能不匹配等。总体上说，对全球金融危机的研究表明，各国政府危机前对监管治理和监管架构的改进并没有起到预想的效果（Masciandaro、Pansini 和 Quintyn，2012），诸如监管容忍等问题再次出现并且更加严重。

对全球金融危机的研究使监管理论界和实务界开始重视宏观经济和宏观的金融发展对金融稳定性的冲击，从而使宏观审慎监管成为相对于微观审慎的独立的政策领域。宏观审慎的重要性使得各国政府开始设立专门的机构来负责系统性的稳定。目前国际通行的做法是由中央银行负责或主要负责宏观审慎监管。根据 Nier 等人（2011）的研究，在 21 个国家样本中，19 个国家的中央银行单独负责或与另外一家机构共同负责宏观审慎。Cecchetti（2008）指出中央银行相对于其他机构在执行宏观审慎政策时具有信息优势。这些研究表明，由于宏观审慎作为独立的政策领域的出现，中央银行在金融监管中的角色又有了新的争论（例如 Galati 和 Moessner，2011；Jacome 等人，2011；Goodhart，2012 等）。根据 Masciandaro、Pansini 和 Quintyn（2013）的研究，相比于危机前，在金融危机后 OECD 发达经济体的中央银行在金融监管的实践中承担了更多的责任；另外，在金融危机后大部分国家的金融监管治理得到了改进。

3. 国内金融监管理论变迁综述

改革开放以前，我国长期实行"大一统"集中管理的银行体制。1984 年以后，我国虽然实行了二级银行管理制度，但学术界一直都没有也认为没有必要对银行监管问题进行深入研究，讨论的重点仅仅是下放和上收银行内部管理权限的问题。

1993 年经济过热的危机显现，银行系统法人经营风险愈加严重，威胁到国内经济的稳定发展。因此，政府在 1995 年出台了一系列相关法律，实行对银行监管的强制性法律约束。从这段时间开始国内学术界开始重视金融监管理论的探讨。这一段时间内监管研究的重点主要是引进、介绍国外金融监管的一些理论和方法，以及对银行监管的改革问题提出适当的政策建议。其后，林志远（1996）分析了我国的金融监管的发展状况和监管过程中的问题，并针对这些问题给出了自己的建议。另外，也有学者从金融自由化（周业安、王跃生，1999）和金融制度变迁（谢平，1996；张杰，1998）的角度研究了国内的银行监管问题。

2001 年中国正式加入 WTO 后，随着中国经济进一步加入世界经济全球化的进程，金融风险发生的概率也因此提高了。徐忠（2002）指出我国面对加入 WTO 之后的新环境和中国的金融业混业经营的趋势，应该逐步改变传统的金融监管模式，实现监管主题的统一，建立统一的监管模式。胡炳志（2003）提出我国的金融监管存在着监管真空，金融监管方面的法律制度不健全等问题。霍洪涛（2004）指出我国现行的金融监管模式和方法存在较大的缺陷，金融监管目标忽视了金融效率问题，把主要资源完全用于维护金融安全与稳定上，主张建立完善的金融监管体系，提高金融效率。2006 年，国内的金融市场全面对外开放，从而国内金融体系面临的风险进一步扩大。这一段时间内，国内学者关注的重点转到了金融监管体系的改进和变革上。曹红辉（2006）认为由于金融市场全面开放，国内金融行业竞争压力增大，并且针对金融混业经营趋势的发展，必须要逐步建立统一监管的金融监管模式。

2007～2008年全球性金融危机的爆发，让国内外的学者更加关注金融风险的防范和金融监管的改革问题。宋清华（2007）指出我国金融监管的协调重在机制建设，而不是专门的协调机构。良好的金融监管协调机制包括立法合作机制、牵头管理机制、联合行动机制、信息共享机制等。徐龙炳和张祥建（2010）在危机背景下研究了金融安全和金融监管问题，特别关注了发达经济体的金融安全和金融监管策略，并深入分析了我国的金融监管和金融安全问题。

（三）当前关于金融监管体制改革的几大争论

当前，金融监管体制改革已成为学术界和政策研究界讨论的热点话题。梳理这些讨论中存在的具有一定代表性的争论，对于金融监管体制改革方案设计具有重要的启示。

1. 以解决什么问题为导向

问题导向是改革的基本方法论，也是金融监管体制改革要坚持的基本原则。不过，应以何种问题为导向，目前仍存在争论。

一种观点认为，随着综合化经营、交叉性金融的快速发展，潜在金融风险不断累积，混业经营与分业监管的矛盾越发凸显，应将解决两者之间的矛盾作为金融监管体制改革的出发点。

另一种观点则认为，改革既要考虑当前金融监管体制存在的混业经营与分业监管之间的矛盾，还要有利于宏观审慎政策框架的构建和完善。若不能在监管体制改革的过程中构建和完善宏观审慎框架，便难以确保金融稳定。因此，金融监管体制改革不应仅简单讨论监管部门的合并与否，还应考虑如何构建一个宏观审慎框架。

2. 宏观审慎——是否集中于宏观部门

宏观审慎管理通常包括形势判断、政策制定和政策执行三个环节。针对这三个环节是否需要集中于宏观部门，存在不同的观点。

一种观点认为，需要集中于宏观部门。一方面，宏观部门具有进行形势判断的能力，而其他部门缺乏这种能力。另一方面，分散可能会导致形势判断、政策制定与政策执行的不协调，不利于进行有效的宏观审慎管理。

另一种观点认为，不需要集中于宏观部门。虽然宏观部门具有形势判断的优势，但并不一定具有政策执行的优势。此外，从治理的视角看，政策制定和政策执行之间的分离并不一定会损害宏观审慎管理的有效性。

3. 宏观部门——央行还是财政部

无论宏观审慎管理的三个环节是否集中于宏观部门，宏观部门都是宏观审慎管理必不可少的组成部分。关于宏观部门具体指哪个部门或哪些部门，存在不同观点。

一种观点认为，宏观审慎管理意义上的宏观部门就是指央行。与其他金融监管部门相比，央行履行最后贷款人职能，对整个金融体系的稳定负责，具有宏观视野。同时，央行货币政策正是宏观管理的主要工具之一，具有宏观形势判断的经验和能力。

另一种观点则认为，宏观审慎管理意义上的宏观部门还包括财政部。一方面，在不少经济体的宏观审慎管理框架中，财政部占据重要位置。另一方面，财政部是最后"兜底人"，也关注金融体系的稳定。因此，在宏观审慎框架中，财政部也应占据一席之位。

4. 货币政策与金融监管是否需要分离

货币政策与金融监管是金融稳定政策的重要组成部分，但对两项职能是否可以分离并分属于央行和监管当局，存在不同的观点。

一种观点认为，两者需要分离，这也正是上一轮金融监管体制改革的逻辑起点。一是因为，货币政策与监管政策之间存在利益冲突，比如对商业银行利益的关注有可能影响货币政策的制定和实施；二是因为如果两者合一，机构的职能将更加复杂，难以进行绩效评估。

另一种观点认为，两者不需要分离。因为在货币政策与监管政策协调不力的情况下，两者的分离会催生大量的金融风险。而且，货币政策当局与监管当局分离可能带来的问题可以通过提高央行政策透明度和完善治理的方式来解决。因此，货币政策当局可以具备主要的金融监管职能。

5. 协调不力还是专业性不够

金融监管体制改革之所以成为时下讨论的热点，直接原因是近年来存在的金融乱象，特别是2015年上半年股市泡沫的产生、破灭及救市不力。不过，关于金融乱象的原因存在不同观点。

一种观点认为，原因在于协调不力。比如，在货币政策边际放松的情况下，与股市相关的监管政策应着力于降低杠杆率，如提高融资融券门槛、降低杠杆率，以确保货币政策放松对股市影响的中性。又比如，大量银行资金进入股市、证券监管部门清理场外杠杆不力，都与协调不力息息相关。因此，金融监管体制改革的重点在于做实协调机制。

另一种观点认为，原因在于专业性不够。比如，融资融券的相关政策设计得不合理，又比如，面对HOMS系统的"阅后即焚"功能，监管部门原有的非现场监管措施近似无效。因此，应结合技术、金融发展态势，大力加强监管能力建设。

6. 协调不力——体制因素还是非体制因素

协调不力是当前金融监管体制弊端的重要体现。不过，关于协调不力的主要原因则有不同观点。

一种观点认为，体制性因素是当前金融监管协调机制难以有效运行的主要因素，因为同级之间很难协调。

另一种观点则认为，体制性因素可能并不是主要因素，事在人为。毕竟，当前也存在同级协调却运行良好的协调机制，比如发改委、财政部和央行之间的协调机制。

7. 监管架构调整时机

关于监管架构调整是否应选择合适时机，是否应受制于外部的金融环境，存在不同观点。

一种观点认为，由于很难建立有效的监管协调机制，因此迫切需要尽早进行监管架构调整，否则会累积越来越多金融风险，甚至诱发系统性金融风险。

另一种观点则认为，在当前金融风险形势下，暂不宜进行监管架构调整，否则会加大金融风险。一方面，从上一轮监管架构调整的经验看，监管调整会来带一年左右的空档期，会导致大量的监管真空存在，反而导致不能有效防范或处置金融风险。另一方面，从目前的情况看，似乎已经可以看到监管部门因可能存在的监管架构调整而出现的"懒政""怠政"苗头。

8. 如何研判国际经验及其对中国的适用性

全球金融危机后，不少经济体都进行了金融监管架构调整。其中，英国的监管架构调整特别受关注。但是，对于如何借鉴国际经验，如何评判国际经验对于中国的适用性，存在不同观点。

一种观点认为，存在金融监管的最佳实践，借鉴国际经验时，应主要关注国际经验所反映的全球趋势。

另一种观点则认为，不同经济体的经济、金融、政治环境不同，需要关注国际经验的适用性。一是要注重大国与小国的区别。一般而言，小国采用统一监管模式，而大国采用监管协调模式。因为，对于大国而言，若采取统一监管模式，部门太大，内部协调成本太高。英国虽然回归统一监管模式，但英国不属于大国，因此英国经验不适用于中国。二是在借鉴国际经验时，要关注其监管架构调整的深层次原因。比如，英国监管架构制度的调整并不完全是、甚至并不主要是经济因素作用的结果，政党轮换是一个关键因素。

（四）金融监管基本逻辑和较为理想的监管框架

理论上，当微观主体能为自己的行为承担全部责任，即获得行为的全部收益，并承担行为的全部成本和风险时，经济系统能有效运作。但由于各种原因（如法律制度、惯例、契约或者产品设计等原因），权、责、利的完全对应并不是在任何时候都成立的，这会扭曲微观主体的行为。系统性风险，从根源上总是来源于体制机制设计上的偏差，从而产生系统性同方向的行为累积。为实现宏观上的平衡，防止不负责任行为的累积，需要设立另一套机制，从相反方向纠正权责利的内在不一致性。

金融领域至少存在以下平衡机制（见图2）。一是有限责任制、高杠杆与审慎监管要求（资本充足率）。有限责任制是为了鼓励企业家的冒险精神而在立法上对权责利的一种破坏。股东仅以出资额为限对公司承担有限责任，一旦公司的损失超过资本金（含留存收益）后，损失责任转嫁给债权人等。现代金融企业一般都引入有限责任制，但金融机构往往高杠杆经营，具有较大概率处于"破产"边缘，权责利的对应关系时常处于不一致边缘。为此，在宏观上就需要监测并管理金融机构的资本（吸收最终风险）能力。

二是部分准备金制（期限转换）。银行等金融机构并不对短期债务持有100%的现金准备，各国普遍采取部分准备金制。这就要求当金融机构出现短期流动性风险时，宏观上要有流动性救助机制，日常则要求对金融机构的流动性状况进行监测和管理。

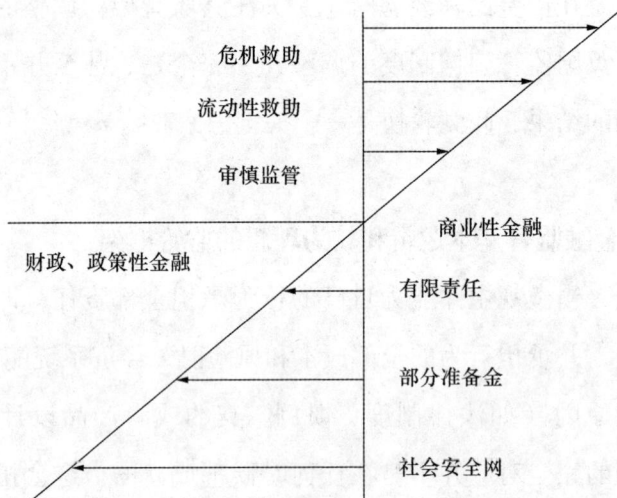

图2

三是社会安全网的存在破坏了微观主体的权、责、利一致性。国家往往会从维护社会稳定出发，为中小储户提供额外的隐性或显性担保，甚至出现"大而不能倒"的现象。这会改变储户以及金融机构的行为，需要设计合理的风险救助体系（清偿能力）。享受这种安全网的机构获得了额外的信用增级，有必要承担为中小储户提供基本金融服务的义务，或者需要提前为此付费。

金融体系可细分为直接融资和间接融资。直接融资和间接融资承担风险的逻辑不完全相同。在直接融资体系下，金融机构以自己的信用（资本、商业模式以及业务经营能力）为基础发行或创设债券，并根据自己的判断投资或创设金融资产，风险先是由金融机构汇集，并通过制度安排（各类风险准备、留存收益、不同种类的股东和不同优先级的债权人）转嫁给公司股东和债权人。

在间接融资体系下，金融机构这个功能主体消散掉了，所有功能模块通过市场交易（契约）实现，市场化分工程度更高。既可以从负债方（资金池）创设（资产管理、财富管理），也可以从资产方（资产池）创设（资产证券化），两者之间的连接，通过设计结构化交易结构实现。风险由投资者根据契约直接承担。

可见，不论在哪种组织模式下，以下四点是保证金融体系稳健运行的关键：①确保投资者（债权、股权或者提供夹层融资者）是具有与其投资标的相一致的专业判断能力和风险承受能力的合格投资者；②管理者具有充分的、持续的专业能力；③值得信任的市场组织者；④交易过程的公开、公平、公正（信息透明，交易出于真实意志的表达）。

为保证金融体系的稳健运行，需在管理上关注以下方面。①微观主体（间接融资体系下的金融机构，直接融资体系下承担管理和组织角色的机构）的审慎性，包括资本金、流动性、专业能力等，为增加灵活性，可分领域、分业务通过牌照的方式实现；②市场行为监管，以信息透明为重点保证市场交易（含销售）过程的公开、公平、公正，防止市场欺诈、市场操纵和内幕交易等；③合格投资者的管理。

除此之外，一般市场的反垄断和确保社会公平的诉求在金融领域也普遍存在。由于金融体系对于投资者实施资格管理且存在规模和范围经济，反垄断的重点在于平衡市场力量，如中小投资者和消费者保护。部分金融供给具有准财政功能，金融通过支持实体经济具有较为明显的加剧财富分配差距的不良后果，因此也需要实现包容性发展，包括政策性金融机构（业务）和普惠型金融机构（业务）的发展。

由此可见，在监管框架上，"三层四支柱"的金融风险管理模式是较为理想的，即：金融风险监管由基础层、日常监管层和系统性风险防控层三层构成，每一层管理不同层次的风险，按照同一层次的风险点和工具的特征，都进一步细分出4个支柱。

①基础层：微观金融主体的风险管理体系（资本金、公司治理、风控体系、行业自律）。

②日常监管层：微观审慎、市场行为、中小投资者和消费者保护、包容性发展。

③系统性风险防控层：宏观审慎、流动性救助、清偿能力恢复、金融危机处置。

三、主要国家金融监管架构的变迁与特点

（一）金融危机后主要国家监管架构①的变迁

1. 美国

2008年金融危机前，美国实行联邦和州政府两级、多个监管机构并存的"双层多头"金融监管体制。联邦一级的监管机构主要有美联储（FRS）、货币监理署（OCC）、联邦存款保险公司（FDIC）、储贷监理署（OTS）、国家信用社管理局（NCUA）、证券交易委员会（SEC）等，保险业由各州单独监管，50个州都有各自的金融法规和行业监管机构。

---

① 主要国家金融监管架构的特征对比可参照表4。

危机后，美国于 2010 年 7 月颁布《多德—弗兰克华尔街改革和消费者保护法案》，以加强系统性金融风险防范为主线，重塑金融监管架构，突出中央银行系统性风险管理的主体地位，并加强对金融消费者的保护。

（1）设立金融稳定监督委员会（FSOC），防范和识别系统性风险

金融稳定监督委员会由 10 名有投票权成员和 5 名无投票权成员构成，财政部长任主席，主要职责包括四方面。一是通过财政部新设的金融研究办公室和各成员机构获得任何银行控股公司或非银行金融机构的数据和信息，识别系统重要性机构、工具和市场，全面监测源于金融体系内外的、威胁金融稳定的风险，提出应对措施。二是经 2/3 以上成员同意，确定系统重要性非银行金融机构，并指定由美联储监管。目前已认定美国国际集团、通用电气金融服务公司、保德信金融集团、大都会人寿保险公司 4 家系统重要性非银行金融机构，认定清算所、支付公司等 8 家系统重要性金融基础设施。三是建议美联储对系统重要性机构提高监管标准，必要时批准美联储分拆严重威胁金融稳定的金融机构。四是协调解决各成员部门争端，促进信息共享和监管协调。

（2）明确美联储为系统重要性金融机构的监管主体，提高审慎监管标准

一是扩大美联储的监管范围。美联储负责对资产超过 500 亿美元的银行业金融机构，所有具有系统重要性的证券、保险等非银行金融机构，以及系统重要性支付、清算、结算活动和市场基础设施进行监管，同时保留对小银行的监管权。美联储还具有对非银行金融机构的后备检查权，判断其是否威胁金融稳定，进而纳入监管范围。二是提高审慎监管标准。针对系统重要性机构，美联储从资本、杠杆率、流动性、风险管理等方面牵头制定严格的监管标准。三是严控银行高风

险业务。2013 年 12 月，美联储等 5 家监管机构联合发布"沃尔克规则"最终条款，限制银行业实体开展证券、衍生品、商品期货等高风险自营业务，商业银行投资对冲基金和私募股权基金的规模不得超过银行一级资本的 3%。四是强化金融控股公司监管。美联储有权对金融控股公司及其任何一个子公司（包含非存款类子公司）进行直接检查，直接从金融控股公司获取信息以及获取金融控股公司交易对手的详细信息。对于在金融活动之外还从事非金融活动的公司，美联储可以要求其成立中间持股公司，以更好地管理金融业务。

（3）成立消费者金融保护机构，加强消费者金融保护

根据《多德—弗兰克法案》的授权，在美联储体系下建立消费者金融保护局（图3），对向消费者提供信用卡、按揭贷款等金融产品或

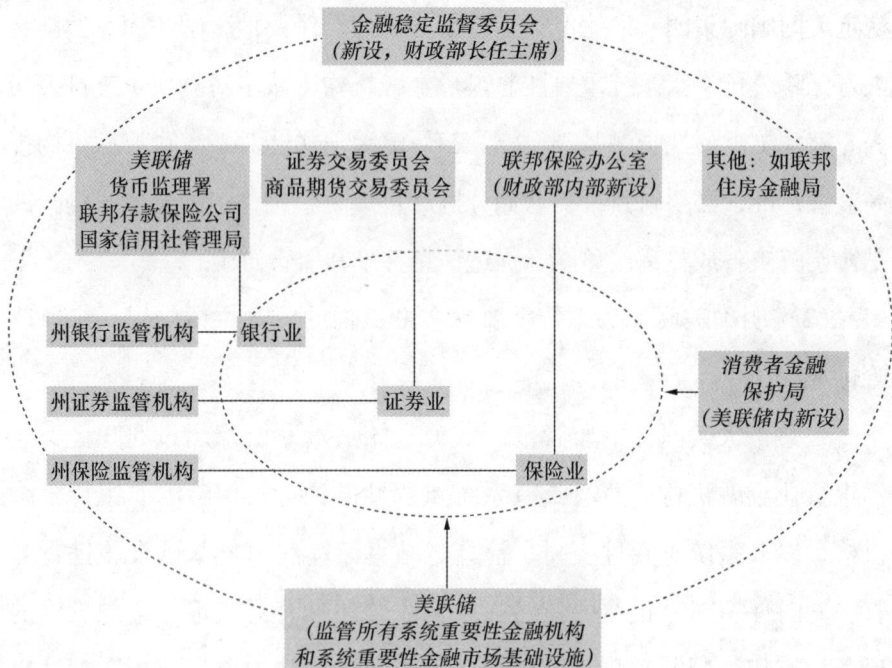

图 3　美国现行金融监管框架

注：图中斜体字表示机构新设或其职能有调整。

资料来源：卜永祥，"国外现行体制比较"，《金融监管体制改革研究》。

服务的银行或非银行金融机构进行监管。法案赋予消费者金融保护局的职责有五点。第一，通过数据分析和研究，以对相关金融市场进行监管，并对这些产品和服务的适当性进行评估；第二，根据现行《消费者金融法》来设立规则，并采取适当的强制执行措施来处理违规事件；第三，负责实施金融教育；第四，负责接收、解答和处理消费者的投诉；第五，保护弱势消费者，包括年长者、服役人员及其亲属。此外，消费者金融保护局下设金融知识办公室加强对公众的金融知识教育，并设立社区热线，处理消费者对金融产品和服务的投诉。

2. 英国

2008 年全球金融危机爆发前，英国一直由金融服务局（FSA，Financial Service Authority）作为单一监管机构同英格兰银行、财政部共同承担英国金融体系保护的职责。但危机的爆发表明，原有的监管体系并未保护英国免受系统性风险的侵害。问题突出表现在，原有的监管框架下，没有一个能承担整体金融市场风险评估的监管机构，特别在紧急情况下，各有关部门缺少高效的协调机制，导致难以应对危机。

（1）新监管体系基本架构

根据《2012 年金融服务法案》，新的英国金融监管框架为"双峰模式"，下设三个专职机构，即金融政策委员会（FPC），以及由原来金融服务局（FSA）拆分的审慎监管局（PRA）和金融行为监管局（FCA）。

金融政策委员会是英格兰银行理事会内设的下属委员会，由 11 位委员组成。其职能为：一是检测英国金融体系的稳定性，识别和评估系统风险；二是对外公布金融稳定情况，发布金融稳定报告（每年金融行为监管局二期）；三是适时向审慎监管局和金融行为监管局发布指令，保证宏观审慎监管的目标和执行；四是向英格兰银行、财政部、金融行为监管局、审慎监管局或其他监管机构提出建议。该机构是从系统角度监测英国金融总体风险积累情况，并赋予相应行动的权利。

金融政策委员会对审慎监管局和金融行为监管局具有指令权（有权就特定的宏观审慎监管工具做出决策，要求审慎监管局或金融行为监管局实施）和建议权（有权向审慎监管局和金融行为监管局提出建议，监管机构若不执行，需要做出公开解释）。金融行为监管局负责人作为外部成员列席金融政策委员会会议，但没有表决权。

审慎监管局是英格兰银行的下属机构，其职责是对银行、保险公司和大型投资机构进行微观审慎监管，并负责对整个金融行业的服务行为实施监管。审慎监管局监管的特点为：通过确定系统性重要机构，实现有重点的监管；并通过预先干预框架，提早识别系统重要性金融机构的风险。

金融行为监督局的监管对象包括英国各类金融机构，其监管目标是保障消费者权益、保护和促进英国金融体系完整性、促进市场有效竞争。其使命是对大公司进行连续评估，对小公司进行监控，以确保企业公平竞争和不损害消费者的利益；对威胁行业诚信的事件做出迅速回应，必要时确保公司对消费者的赔偿。审慎监管局和金融行为监管局相互协作并保持信息共享，接受金融政策委员会的指导。

（2）财政部在英国监管架构中发挥重要作用

此轮英国金融监管改革强化了英格兰银行的责任和权力，但不等于将金融监管全部权力都交给央行，必须正视英国财政部在金融监管架构中的重要作用①。一是尽管英国中央银行具有很强的独立性，但在法律关系上仍然隶属于英国财政部，其行长由财政大臣遴选并提

---

① 新平，"英国金融监管改革启示录：被误读的超级央行"。

名。二是财政部具有很高的政治地位，在公共资金和公共政策方面具有决定性话语权，英国财政部长地位大体上与副首相相当。例如，在动用公共资金进行危机救助方面，财政部是英国法律授权的唯一决策机构，危机时财政部有权向英格兰银行下达指令对单家机构或市场提供流动性支持，英国央行动用公共资金也必须经过财政部同意；尽管利率由中央银行制定，但是通货膨胀目标却是由财政部决定；英国财政部对金融政策委员会的职责和目标拥有最终解释权，财政部须确保金融政策委员会的政策方向与政府保持一致①。

（3）监管机构间协调合作的制度化保证

经验教训证明，监管机构之间保持密切沟通和信息共享非常重要。英国"双峰监管"模式下，监管机构各自独立，履行职责不同。但是通过制度保障，如相互成为对方机构的成员参与决策过程、规范决策和执行程序等，基本可以做到及时的信息共享和有针对性的信息沟通。对任何一家银行或其他系统重要性金融机构而言，必须获得审慎监管局和金融行为监管局的双重审批才能开展业务。审慎监管局和金融行为监管局的首席执行官互为对方董事会成员。

3. 澳大利亚

澳大利亚建立了以金融监管委员会为基础平台的监管框架，围绕金融体系稳定和消费者保护这两大目标，优化监管资源配置并完善监管协调机制，即"双峰监管"模式。金融监管委员会由澳大利亚中央银行、审慎监管局、证券与投资委员会这三家金融监管机构，以及财政部组成。

---

① 为确保金融政策委员会能够根据维护金融稳定的需要而提出不受政府接受的政策（如为缓解资产泡沫而限制信贷和债务增长），金融政策委员会可以不执行财政部的相关指导，但必须向财政部进行书面报告以说明理由。

（1）机构职责分工

与英国不同①，澳大利亚金融监管委员会四家成员机构彼此独立。

澳央行侧重于制定实施货币政策（包括利率、汇率政策）、履行金融风险处置等职责。澳央行关注金融机构包括支付体系的稳定以及机构层面的稳定，如资本、平衡表、风险暴露等。

审慎监管局的职责围绕保持金融体系稳定而展开，不但监管银行业机构，而且监管证券、保险、投资、信托等行业的机构，实行统一监管，避免了分业监管存在的弊端。审慎监管局关注金融体系整体稳定，兼顾监管安排对效率的影响。通过对各类金融机构的进行质询，形成严格的监管机制。

证券与投资委员会的职责围绕金融消费者保护而展开，对金融市场的机构准入与市场行为等进行监管，包括证券、期货等行业；对养老基金、保险、股票、公司债、衍生品等涉及广大投资者的产品加强规范与指导。

财政部参与微观政策制定，包括对外国投资敏感的金融行业进行审批、对三家监管机构的工作进行评估。澳央行每隔半年就金融稳定形势向财政部作专题报告。其中的机制安排是，财政部负责提名三家监管机构负责人的候选人，向审慎监管局以及证券与投资委员会提供财政经费。

（2）监管协调保障机制

金融监管委员会作为议事协调平台，由澳央行牵头开展工作，央行行长担任金融监管委员会主席。委员会内部向委员会主席即央行行长报告工作，央行行长向财政部报告工作，财政部向议会报告

---

① 英国的审慎监管局为中央银行的组成部门。

工作。金融监管委员会没有独立司法权力，但可通过非法规性文件引导，促使监管机构之间紧密合作。金融监管机构成立之初，就以相互签署谅解备忘录的方式建立双边协调机制，作为金融监管委员会运作的基础。

财政部对监管机构的人事、经费具有重要影响力，对其工作绩效进行评估，对监管机构涉及政府支出的重要方案进行审批，故能对协调监管行为发挥重要促进作用。

（3）监管协调的具体途径

一是数据共享。有效汇集信息是数据共享的前提。澳大利亚金融监管体系实行一元化信息汇集机制。法律授权审慎监管局负责信息汇集、统计、分送工作，并要求行政机构提供相关信息。在信息共享方面，澳央行和证券与投资管理委员会不收集金融市场信息，但需向审慎监管局支付少量费用以弥补运行成本，审慎监管局每天发送 2～3 次信息，并可根据需要提供特殊数据表格。

二是人员沟通。除了监管机构负责人参加的金融监管委员会会议，澳央行每隔 6 周与审慎监管局举行司局层面的协调会。两机构的处级（工作组）层面通过电话、邮件等日常联系，并举办半月会。证券与投资管理委员会根据需要参加与央行、审慎监管局的局、处层面的协调会议。不同监管机构的分析人员一起研究相关问题，是对监管协调的基本要求。

4. 日本

从组织架构考量，日本属于典型的金融厅一体化监管模式。2008年全球金融危机后，日本并没有采取大的结构性金融监管架构改革，监管体制呈现出稳定性，但也积极吸取危机教训，进一步完善金融监管体制，特别是加强监管机构和央行在宏观审慎监管中的配合。

金融厅和日本银行各自的法律地位决定了这两个机构是日本宏观审慎监管的主要机构。财务省由于其前身大藏省的诸多丑闻，迄今在宏观审慎监管中的权限较小，仅限于出席金融危机应对会议和指导存款保险机构。金融厅和日本银行在宏观审慎监管中发挥的作用难以用孰大孰小来衡量，但总的看来，金融厅作为政府部门，其作用侧重于实施行政处罚等，日本银行的作用侧重于系统性风险识别、监测和提出建议。

金融厅和日本央行既明确分工又加强协调是日本宏观审慎监管体系的重要特点，危机后这种协调进一步加强，主要体现在以下三点。一是法律层面都有明确要求向对方提供协助义务的条款。《日本银行法》第4条规定，"为了与政府的经济政策保持协调，日本银行应经常与政府保持沟通，进行充分意见交换"。同时，该法第44条第3款进一步规定，"金融厅长官如果提出要求，日本银行可将检查结果文件提供给金融厅，或给金融厅工作人员阅览"。金融厅在必要时也要向日本银行提供有效信息。二是共同出席金融危机应对会议，参与国家应对金融危机的决策。三是经常联名发布指导性文件。

5. 金砖四国

（1）巴西

金融危机前，巴西的金融监管体制是典型的分业多头监管。最高决策机构是国家货币理事会，成员机构包括巴西央行、证券交易委员会、私营保险监管局和补助养老金秘书处。金融危机后，巴西积极完善宏观审慎框架，2011年5月巴西央行内部成立金融稳定委员会，将宏观审慎政策职能更清晰地从货币政策中分离出来。该委员会负责监测系统性风险的来源并制定减缓风险的战略，在巴西央行内部协调各部门之间的职责。

表4

主要国家金融监管架构特征一览表

国别 特征	美国	英国	澳大利亚	日本
监管模式	双层（联邦和州）多元混业监管	多元混业监管	双峰模式（兼顾防范系统性金融风险和保护消费者利益）混业监管，联邦监管机构直接监管	一元混业监管
主要监管机构及其监管职责	1. 联邦储备系统（FRS）：履行中央银行职能，制定货币政策； 2. 货币监理署（OCC）：监管国家银行和联邦储蓄机构； 3. 联邦存款保险公司（FDIC）：提供存款保险，对州立非联邦储备成员银行负主要监管责任，对已投保储蓄机构进行破产接管； 4. 美国证券交易委员会（SEC）：负责证券监督和管理工作，是证券行业的最高机构； 5. 商品期货交易委员会（CFTC）：监管期货市场的交易机构；	1. 金融政策委员会（FPC）：监测金融体系稳定性，识别评估系统性风险，发布金融稳定报告，保证宏观审慎监管的目标和执行； 2. 审慎监管局（PRA）：对银行、保险公司和大型投资机构进行微观审慎监管，并负责对整个金融行业的服务行为实施监管；当出现不稳定机构倒闭风险对时，采取减少金融风险的冲击，整体金融风险对投部分投资人提供适当的保护； 3. 金融行为监管局（FCA）：监管对象包括英国各类金融机构，如信托机构，基	1. 央行：最后贷款人； 2. 审慎监管局：负责制订实施相关方案，对银行、证券、保险、投资、信托等行业进行审慎监管，实行统一监管；防范系统性金融风险； 3. 证券与投资委员会：投资者保护，信息披露	金融厅承担涉及银行、证券、保险等全部金融相关制度设计、检查监督等职能

续表

特征＼国别	美　国	英　国	澳大利亚	日　本
	6. 全美保险监督官协会（NAIC）：州保险监管局的辅助监管机构；主要职能：支持和完善州级保险监管，促使保险机构可靠性、偿付能力和金融稳健性的提升，保护公众利益、促进市场竞争			
央行在金融监管中的作用	1. 管理和监督联邦银行、其他会员银行及银行控股公司 2. 对金融稳定至关重要性机构实施监管，认定的系统重要性机构设施基础实施监管	英格兰银行在金融监管中发挥重要作用但并非唯一的监管机构；其作用包括：委托PRA对系统重要性银行和其他大型金融机构进行监管，承担最后贷款人角色等	央行行长担任金融监管委员会主席，牵头协调监管工作	《日本银行法》授权日本银行作为中央银行和最后贷款人，与有业务往来的金融机构签订检查合同，基于合同进行检查
宏观审慎机制安排	金融稳定监督委员会（FSOC）：是美国财政部的下设机构，由财政部长主持；主要职能：识别威胁金融稳定的风险，强化市场纪律，应对威胁金融体系稳定的新风险因素	英格兰银行理事会及其下设金融政策委员会	成立金融监管委员会，包括央行、审慎监管局、证券与投资委员会、财政部，财政部负责审批政府支出方案，评估监管绩效，提名监管部门负责人	1. 金融厅监管主要金融机构，财务省宏观审慎监管仅限于出席金融危机应对会议和指导存款保险机构；2. 金融厅作为政府部门，作用侧重于实施行政处罚等，日本银行的作用侧重于系统性风险识别，监测和提出建议

续表

国别 特征	美　国	英　国	澳大利亚	日　本
金融监管部门跨部门协调机制安排	1. 联邦层面——联邦金融机构检查委员会（FFIEC）是正式的跨部门协调机构，为金融监管机构的监管制定统一的原则、标准以及报告形式； 2. 州层面——州政府之间成立了如州银行监管联席会议（CSBS）等相互交流的平台，但本身没有执行权	1. FPC 向 PRA 和 FCA 发布指令，向英格兰银行、财政部、FCA、PRA 或其他监管机构提出建议； 2. PRA 为英格兰银行的下属机构；PRA 和 FCA 相互协作并保持信息共享，接受 FPC 的指导； 3. FCA 独立于中央银行之外，对英国财政部和议会负责，金融行为监管局的主要负责人由英国财政大臣提名； 4. 财政部在金融监管架构中发挥重要作用，包括提名央行行长、在公共资金有决定性话语权、决定是否动用公共资金进行危机救助、决定通货膨胀目标，对金融政策委员会的职责和目标拥有最终解释权等	监管机构工作组（处级）例会两周一次、平时邮件、电话联系；司局级例会 6 周一次，审慎监管局分析团队可随时与央行磋商；审慎监管局统一采集、分享数据	危机后央行和金融厅的协调进一步加强： 1. 法律层面都有明确要求，向对方提供协助应对危机的条款； 2. 共同出席金融危机应对会议，参与国家应对金融危机的决策； 3. 经常联名发布指导性文件

续表

国别 特征	美　国	英　国	澳大利亚	日　本
有无单独金融消费者保护机构	有。美联储下设的美国金融消费者保护局；监管银行、信用合作社和其他金融公司等消费者金融金融产品及服务提供机构；主要职能：执行联邦金融消费者保护法规，强化金融消费者教育，研究分析金融消费者、金融服务提供者行为以及消费者金融市场的状况	无。行为监管局承担金融消费者保护职责	无。相关职责主要由证券与投资委员会负责	无。金融厅承担金融消费者保护职责

（2）俄罗斯

金融危机前，俄罗斯采用分业多头监管模式：保险业由财政部内设机构保险厅负责监管，银行体系的监管权力则集中于央行。证券业没有独立出来，对商业银行经营证券业务的监管由金融市场监督局和中央银行共同完成。上述模式下监管机构职能重复、政出多门，各部门间的利益博弈从未中断。2013 年 7 月，俄罗斯总统批准法案，规定俄联邦金融市场监督局对证券市场、保险市场、交易所投资和养老金等领域的监管职责转移至央行，由此明确了央行统一监管者的地位。法律同时赋予俄央行更多职能：接管财政部和联邦政府制定金融市场监管标准的部分权力，参与政府起草相关法律和监管规定的过程，同时承担政策制定和监督执行两项职能

（3）印度

金融危机前，印度实行分业经营和分业监管，印度储备银行作为中央银行主要负责制定和实施货币政策、管理外汇市场，同时对银行业实施监管。证券交易委员会、保险监管和发展局分别负责对证券业和保险业实施监管。

金融危机后，为加强监管协调，印度政府成立了"金融稳定与发展局"，位于印度储备银行、证券交易委员会和发展局之上。其主要职能包括监管大型金融集团、实施宏观审慎监管、加强内部监管合作、普及金融知识和制定金融扩展计划等。

（4）南非

金融危机前，南非央行储备银行和金融服务理事会是两个主要的监管主体，储备银行下属的银行监管部负责吸收存款银行部门的监管，非银行金融机构则由金融服务理事会负责监管，但金融服务理事会同时要向财政部负责，监管权相对分散。信用领域由国家信用监管

局负责管理，处理消费者信用公平交易与评估、消费者保护和信用行业公平竞争等事项。总体上南非金融监管体系没有统一协调机构。

金融危机后，2011 年南非央行宣布将仿照英国，在未来 3 年内将金融监管模式转为"双峰监管"。在该模式下，金融监管的目标包括：监管协调、审慎监管和市场行为监管。金融监管委员会由金融监管机构、非金融监管机构的负责人和其他利益相关者组成，确保金融监管的整体协调，是解决审慎监管和市场行为监管之间冲突的正式渠道。金融稳定监督委员会由南非央行、金融服务理事会和财政部组成，协调金融稳定事项并努力减少风险。南非央行负责宏观审慎监管，财政部、金融服务理事会和国家信用监管局则负责微观方面的监管和消费者保护。

（二）主要国家金融监管架构变迁的特点

1. 立足本国国情，完善金融监管制度框架

金融危机后美国仍沿用了分业多头监管模式，但在原有监管框架下通过成立金融稳定监督委员会和强化美联储宏观审慎监管职能，加强了系统性风险监管的统筹机制。英国则推翻原有框架，强化央行的监管责任和权力，并成立金融行为监管局，采用了"双峰监管"模式。澳大利亚的"双峰监管"架构在危机期间经受住了考验，基本延续未变。日本基本沿用危机前的金融厅一元化监管模式，并进一步强化了金融厅和央行在宏观审慎监管机构中的合作机制。"金砖四国"顺应国际潮流，立足本国国情，普遍采取措施，从防范控制系统性风险的需要出发完善本国金融监管制度框架。其中，俄罗斯将金融监管权力集中于央行，形成了混业统一监管模式；南非借鉴英联邦国家经验，采用"双峰"监管模式；巴西、印度则沿用原有的混业监管模

式，在此基础上完善本国系统性风险防范、控制机制。

总的看来，一国所采用的金融监管模式与其所处的政治、经济、社会环境关系密切。金融监管模式要有适应性，能够根据本国金融体系的发展水平、结构变化和风险变迁进行调整，在有效捕捉风险的前提下与时俱进地配置监管资源。[①] 在当前监管模式呈现多元化格局的情况下，需要深入分析各国金融监管改革的相关背景，立足我国国情，准确把握近年来我国金融体系发展、演变特征和系统性金融风险的变化规律，充分论证、权衡利弊，积极稳妥推进金融监管体制改革。

2. 加强宏观审慎监管，提高系统性风险防范能力

危机后各国普遍采取措施，加强宏观审慎监管，提高系统性风险防范能力。其中，美国采取的措施一是通过成立金融稳定监督委员会，确立了系统性风险监管的牵头机构；二是加强了对系统重要性金融机构的监管。法律授权金融稳定监督委员会对系统重要性金融机构进行识别，授权美联储对系统重要性金融机构实施监督的权力。美联储在监管中对系统重要性金融机构提出更高的资本金和流动性等监管标准要求，以增强其应对经济波动的能力。英国金融政策委员会（FPC）的目标明确为识别、监控并采取措施来消除或减少系统性风险。法律同时赋予金融政策委员会执行宏观审慎监管职能的政策工具箱。该工具箱由两个针对银行资本缓冲的工具组成。FPC 有权在新欧盟法下设置逆周期资本缓冲和对行业资本的要求，这两项工具适用于所有英国银行、建房互助协会和大型投资公司。逆周期资本缓冲工具给予金融政策委员会对银行业实施资本附加的权力。行业资本要求工具的针对性更强，给予金融政策委员会对可能对整个系统造成风险的行业实施

---

① 刘鹤，"中文版序一"，出自《21 世纪金融监管》，乔安妮·凯勒曼、雅各布·德汗、费姆克·德佛里斯编著，张晓朴译，中信出版社 2016 年 1 月版，第 13 页。

资本附加的权力。澳大利亚审慎监管局发挥防范系统性风险的领导作用，除了风险监测、预警机制，还高度重视危机模拟和危机复苏机制的设计和应用。日本金融厅、央行和财务省在宏观审慎架构中的地位都有法律的明确规定，并以此明确了分工的总体原则。在此基础上，通过具体的协调机制加强沟通，提高防范、控制系统性风险的有效性，也有助于降低被监管机构面对多头、重复监管的合规成本。俄罗斯在明确央行为统一金融监管者的同时，还立法强化央行对金融机构的风险监测能力。俄罗斯通过立法强化央行对金融机构信息的获取权力，确保各类信息数据的真实性，定期对各类风险进行压力测试和情景模拟，并建立危机早期预警系统。印度央行一方面通过建立宏观审慎政策框架，分析和监测经济和金融体系的系统性风险，并适时发出风险预警信号，扩大监管范围，提高监管标准。另一方面将不吸收存款的金融机构纳入金融监管范畴，防止监管套利。

3. 加强市场行为监管，落实金融消费者保护

金融消费者是金融市场的关键主体，失去消费者金融市场便无从发展。同时在交易过程中，金融消费者也最容易因信息不透明、市场操纵、欺诈等活动而成为牺牲品，因此需要一国金融立法和监管体系做出更具针对性和倾斜性的保护安排。危机后加强金融消费者保护已经成为国际金融监管体系改革的重要趋势。美国国会于 2009 年通过《金融消费者保护机构法案》，2010 年根据前述法律成立了专门保护消费者权益的独立的消费金融保护机构——金融消费者保护局。英国根据 2013 年 4 月 1 日生效的《金融服务法案 2012》将原金融服务监管署拆分为审慎监管局和行为监管局，由行为监管局专门负责行为监管和消费者权益保护等工作。南非在金融服务理事会中成立零售银行市场服务监管机构，同时实施《公平对待消费者倡议》，阐明市场行为监管的原则，确保金融业消费者保护的标准不变。俄罗斯颁布并多次修订《自然人银行存款保险法》，不断提升金融消费者的市场地位和保障标准。

四、我国金融监管架构改革设想

金融监管既是经济学问题，回答"为什么要管""管什么"和"谁来管"等监管理念、边界和技术问题；也是管理学问题，回答监管"如何组织实施"的组织设计和资源调配等问题。金融监管还具有鲜明的时代特征，是内嵌于经济社会管理体系，反映并平衡其他经济社会管理体系，尤其是司法、社会稳定和宏观调控体系。

（一）金融监管的改革目标

近期目标（1~2年）：理顺宏观审慎和微观审慎管理框架，搭建系统性金融风险的应对框架，建立对创新性和综合性金融业务的管理和协调机制。

中期目标（3~5年）：从我国金融稳健、高效、包容发展的需要出发，通过建立宏观审慎、微观审慎、市场行为、金融中小投资者和消费者保护等4个支柱，建立职能清晰、分工合作、兼顾安全、发展和效率的现代金融监管体系，实现我国的金融监管从金融分割走向合理分工，从行政数量管控转向市场价格调控。

（二）金融监管改革应遵循的基本原则

金融监管是属于宏观管理范畴，需遵循管理学上的一些基本原则。在具体内容上，如监管理念、部门的职责、目标设定和划分、手段与目标的关系上，则反映了金融监管的特殊要求，需要结合我国当前金融运行和社会管理的特点进行统筹设计。

1. 以金融体系稳健、高效、包容式发展作为金融监管体系设计的最终目标

金融是在处理风险的过程中获得收益并实现资源的优化配置的，发展和规范是其永恒的矛盾。金融行业需要充分发展，才能更好地为实体经济服务。作为一个服务行业，金融不是发展得越充分越好，需受制于实体经济良性发展的需要，不宜自我发展式的过度发展。当然，如果金融体系本身不稳定，不但不能实现其服务功能，甚至会成为实体经济波动的根源。因此，金融监管的最终目标，是保证金融体系能安全、有效地实现实体经济赋予金融体系的目标，需在稳健、高效和包容三者的关系中找到平衡，确定特定发展时期的金融监管目标。

2. 区分利益协调、政策决策和政策实施，将政府对金融业的多重目标协调、政策决策和政策实施分层实现和考核

目标和手段总是相对的。在确定的目标下，相对有限、确定的政策手段，存在理性决策。但不同目标之间没有好坏对错之分，只是一种选择。或者上升到更高一层次"目标—手段"体系中，低一层次的"目标—手段"体系中的不同目标成为高一层次"目标—体系"中的手段，则存在理性决策。当无法提升时，对不同目标的选择，本质上是利益协调，需要运用利益协调的机制来产生合意目标。一旦产生合意目标，在手段运用上则需要专家的理性计算和严格的效率考核。不同目标之间，有必要区分是否属于同一层次，还是属于某个"目标—手段"层次关系下，还是隶属于不同"目标—手段"层次关系中。

对金融业的不同诉求包括：①金融行业的发展，规模适当、结构合理、财务回报适度（行业协会和股东）；②金融体系稳健（风险管理体系）；③包容性发展（财政部门）；④产业政策和宏观调控（宏观调控部门）。这些目标间不宜构成"目标—手段"关系，尤其是金融监管与宏观调控之间，目标选择本身并没有对错之分，需要通过合适的利益协调机制来平衡。任何目标都有其合理性，在不同的经济发展阶段，目标间的权衡反映了当时的主要利益诉求，并决定了金融体系的最终走向。一旦目标权衡完毕，相关部门则需要进行政策决策，为达到这个目标选择最优工具组合和实施时机。工具和时机确定下来后，剩下的就是落实和实施的问题。各个部门在实施时，无须再为目标的合理性和工具的有效性争执，只需保证执行的实施效率。

3. 监管机构的调整要以监管理念的转变为基础，合理确立风险管理的水平分工和垂直分工

组织和制度总是基于某种理念，基于对现实运行的某种理解。只要是不同组织的职能相对独立又相互补充，不产生不必要的交叉重叠，又避免监管空白，且保证实现每个分工目标的手段归因直接，都是合理的分工模式。具体采取哪种分工模式，取决于对所管理对象的理解。

根据上文对监管逻辑的理解，金融监管在某种程度上是对金融上某些偏离权责利原则制度设计的纠正，或者说金融监管是为了保证满足制度良性运作的设计前提。为此，基于功能监管理念，有必要按照权、责、利一致的原则确立监管主体和部门边界，并确保监管手段与监管目标之间的归因关系简单直接。

具体而言，金融监管的目标主要有4项：①基于宏观周期、流动性、社会安全的宏观审慎管理，可对系统重要性金融机构适当加大监管成本；②基于资本金等金融微观主体稳健性的微观审慎管理，保证即将进入以及正在金融市场运行的微观金融机构是有专业能力、有诚信、有资本实力保证的权、责、利基本一致的适宜主体；③以信息披露为主的基于公开公平公正的市场秩序维护部门，保证市场参与主体能拥有充分、及时、真实的信息进行决策，从而确保其真实意志的表达并自我负责；④考虑到金融业务的专业性和后验性（金融服务是在购买后才能检验和享受），基于市场力量基本均衡的充分竞争考虑等，有必要加强对市场弱势群体的保护，例如实施中小投资者和消费者保护。可根据这 4 个相对独立又相互补充的金融监管目标，在水平上，可设立 4 个不同的部门进行监管。

此外，可考虑引入各类行业协会参与金融监管。国有股东的股东职责，由国有资产管理部门负责。个别风险则由各个金融机构的内部管理部门负责。部分金融服务具有准公共品性质，对三农、小微企业、双创企业的金融服务具有一定的财政支持性质，因此可以通过财政部补贴和政策性金融机构、政策性金融业务实现。在设计合理的情况下，政策性金融机构和业务也可比照一般金融机构和业务，由监管部门统一监管，政策性业务的类型和补贴等，需要专门立法，且由财政部等国家部门及政策性金融机构进行利益协调。

根据同一类金融风险影响范围和程度的不同，有必要对金融风险管理进行垂直分工。可考虑针对金融体系的 3 种不同状态，采取不同的金融稳定应对框架，形成垂直分工的风险管理框架体系（表5）。①日常监管：金融体系处于稳定区域并将在近期仍继续保持这种状态。在这种情况下，主要采取预防性措施，依靠私人部门的市场约束机制（金融机构的自我风险管理和行业自律）以及官方监管（日常监管）等常规方式来维护金融稳定。②宏观审慎监管：金融机构对金融体系具有系统重要性，如果金融体系趋向不稳定，可能是因为金融体系内部的失衡状况出现恶化，也可能是由于金融体系外的环境发生变化。这时，维护金融稳定需要施加宏观审慎监管，并采取救助性措施，如道义劝说和强化监管等。③危机管理：如果金融体系处于金融稳定区域外，不能充分发挥其功能。此时，政策措施应相机抉择（可能包括危机处置）并着眼于恢复稳定。

表5 金融稳定政策工具

工 具	防 范 执行现有政策 维护金融稳定	救 助 采取措施减少 金融风险因素	处 置 进行政策干预 恢复金融稳定
市场约束机制	保持、调整	增强	相机抉择
自律	保持、调整	增强	相机抉择
金融安全网	保持、调整	增强	最后贷款人、存款保险
监测	保持、调整	增强	进一步强化
监督和管理	保持、调整	增强	相机抉择
官方交流	执行现有政策	道义劝说	恢复信心
宏观经济政策	保持、调整	减少失衡	相机抉择
法律体系	保持、调整	增强	相机抉择

资料来源：加里 J. 希纳西，《维护金融稳定：理论与实践》，中国金融出版社2009年。

4. 保证充足的监管资源

有效的监管行为是需要充足的监管资源支撑的。金融监管需要制定大量的监管规则，进行持续监督，不间断实施非现场监管和常规、非常规现场检查，并配合必要的执法行动。金融监管既是高度复杂的专业性工作，也是劳动密集型工作，资源是否充足直接决定监管质量。与所承担的监管任务相比，我国监管机构的资源严重匮乏。为了保证监管目标的实现，需要给予足够的监管手段和监管资源。

5. 在愿景清晰的情况下采取问题导向的分步改革策略

改革既可以是愿景导向，也可以是问题导向。当改革涉及根本性转变时，仅仅从现实问题出发，容易陷入技术细节，不能触及深层利益格局和内在的理念。现实改革不是在一张白纸上设计的，而是在继承原有体系基础上的改造，要在变革过程中不出现空白期，保证该体系仍能发挥其基本功能。问题是最好的显示器，它反映了现有制度体系与市场运行不协调的地方，这也是改革的入手点。从问题导向可以保证改革是回应现实问题而不是空中楼阁。但对问题产生背后的制度性原因的挖掘有不同的层次，制度的修改也有不同的方向。要保证从更深层次上解决现有问题，并保证所有改革都沿着相同的方向推进，需要有一个清晰的、取得共识的改革愿景，所有基于当前问题的制度改进都朝着这个共同的愿景调整。

（三）对现有方案的简要分析

目前市场上主要存在三类改革方案。这三类改革方案都有一定的合理性，但基本都是"外科手术"——改革主要聚焦于组织架构的调整，基本没涉及监管理念的变革。我国金融监管改革最大的难点，恰恰在于我国尚未提出一套被各方普遍接受的、适合我国国情的、基于金融现实运行的有效风险管理的理论体系。

1. "一行四局大合并"方案

"一行四局大合并"方案主张将"一行三会"合并成立超级金融监管机构，在央行下设立4个分局，吸收现有的外汇管理局、银行业监督管理委员会、证券业监督管理委员会和保险业监督管理委员会。

"一行四局大合并"方案的好处在于：①金融领域有一个综合的负责部门，可以统筹协调金融发展、监管重叠和监管真空、监管的有效性、金融的包容性发展和市场力量均衡等问题；②借助官僚机制的上下级关系，可以克服部门之间议而不决，或者纯粹"为了反对而反对"的部门利益主导部门间沟通协调的问题；③有助于减少信息重复收集和系统重复建设等问题，降低监管成本；④监管理念基本框架没有调整，可以在不引起混乱的情况下快速实施，从而可以最大程度的保持监管的连续性。

但"一行四局大合并"方案也有以下不足之处。

一是不同目标之间的利益协调和决策执行机制仍混在合并后的综合部门内。不同目标之间存在一定的利益冲突，信息内部化后可能会导致外部监督缺乏必要的问题感知能力和足够的信息。

二是合并后的综合性金融管理部门仍缺乏足够的工具和资源来真正为其承担的目标负责。考虑到金融吸收了大量实体经济调整风险和政府干预成本，该综合性金融管理部门掌握的工具和资源不足以完成金融目标，而且由于金融体系外的大量因素影响甚至阻挠金融目标的实现，该综合性金融管理部门可能无法真正负责，最终不得不重回行政准入管制，以牺牲金融效率为代价来保持金融稳定和实现特定的金融目标。

三是将机构间的沟通协调问题，转化为一个机构内部的沟通协调问题，问题没有得到解决只是内部化了而已。

四是仍然是分业的机构监管逻辑，金融监管理念和框架调整有待于综合的金融管理部门主导的内部改革。犹如上一轮银行业改革，完成了股权结构、公司治理等外部改革，但公司管理等内部改革需要较长时间和适宜的宏观环境。

五是需降低三个监管部门的级别，减少行政性高管人员的数量，需要消耗较多的政治资源来推动改革。

2. 央行和银监会合并方案

央行和银监会合并方案主张仅将央行和银监会合并，证监会和保监会保留现有格局不变。

该方案的好处为：①针对当前矛盾最集中的央行和银监会，采取了需要最低政治资源的改革方案；②市场冲击最小，会较好地保持监管的连续性；③合并的机构数量较少，需要耗费的政治资本较少。

该方案的不足为：①金融监管改革没有最终完成，仍然延续分业机构监管的模式，金融监管领域仍存在监管空白、交叉和错位问题；②将宏观审慎和微观审慎以及流动性救助、货币政策等不同目标放在一个机构，仍没有解决利益协调和政策实施的问题，存在外在的评价难题。

3. "一行一委"方案

"一行一委"方案主张保留央行不变，但将其他三个监管部门（银监会、证监会、保监会）合并，成立综合金融监管委员会，从而形成"一行一委"模式。

这种方案的好处是：将改革重点仅集中在金融监管领域，有助于加强监管部门之间的协调，避免改革涉及过多领域。

但其不足之处在于：①没有解决宏观审慎和微观审慎之间的协调问题，流动性救助、货币政策与金融监管之间的矛盾依然存在，需要借助凌驾于央行和综合金融监管部门之上的机制来协调。②如果监管部门过于强大，央行与银监会的矛盾有可能泛化为央行与综合金融监管委员会之间的矛盾。在宏观审慎管理上仍存在大量的问题需要在"一行一委"之间协调。③综合金融监管部门仍存在进一步明确监管分工合作的问题。如果仅仅只是机构合并，则同样将外部沟通协调转化为内部的部门间沟通协调；如果是按照新的监管理念进行重构，则涉及监管技术和资源的再配置问题。

（四）方案设计和改进建议

无论什么样的监管框架，都需要面对当前中国金融监管体制的核心问题：一是缺乏与中国金融体系运行实际相适应的、被广泛接受的金融风险管理理念和管理框架的理论体系；二是协调问题，包括货币政策、宏观审慎和微观审慎之间的协调，也包括不同监管部门之间的协调问题；三是如何提高金融监管实施效率问题。下一步金融监管体制改革应重点围绕这三个问题发力。

1. 重塑金融监管理念

首先，金融发展理念包括价值观和技术两个层面。在价值观层面，要扭转"唯有政府直接掌控金融资源才会带来利益最大化"的旧意识，树立"只有建设高效的金融体系才能带来最大国家利益，而政府只有放手让市场机制发挥作用才能真正提升金融效率"的新理念。在技术层面，要改变过去几十年来以数量增长（如资产规模、金融机构的数量和种类等）来衡量金融改革和发展的成效并以此为政策导向的做法，将金融发展质量的提升（如金融机构的国际竞争力、金融商品的定价权、国际金融市场规则的话语权等）作为今后的政策取向，以充分发挥金融市场机制为目标，以是否建立起一套有广度、深度、弹性、创造力的金融市场体系为评判标准，下决心调整政府的管理方式。

其次，要处理好经济发展、社会稳定和金融风险的关系。在我国金融发展过程中，既存在盲目发展而不顾风险的现象，也存在为了稳定而一味规避风险、害怕风险暴露的倾向（导致隐性担保普遍存在）。显然，这两种现象都会破坏市场规律，影响金融监管效率。如果将金融稳定理解为不出现风险事件，并动用行政力量避免风险暴露，用公共资源为金融机构的经营失误买单，势必会对金融市场的竞争机制带来极大扭曲。有鉴于此，今后恐怕要从"守住不发生系统性、区域性金融风险的底线"的防守型思维,转向"用小震释放应力、主动化解风险,防止出现大震"的进取型思维,通过加快结构调整、促进金融机构优胜劣汰等措施,积极防范系统性金融风险。

最后,调整政府行为模式需要改变目前金融管理部门管得过多、过细、过严的"父爱式"做法,将自上而下"管"金融机构和"管"市场的行政官员心态,转变为尊重市场和金融家的合作式心态。加强决策前与市场的沟通,提高监管的专业能力。切实下放行政权力,简化办事程序,减少行政审批事项,将本应属于金融机构自身权限内的管理权还给金融机构,降低金融机构因行政管制而带来的成本。

2. 近期改革重点:问题导向的职能重设和监管协调

(1)做实金融监管协调办公室职责,强化过渡期的监管协调和监管理念的重构工作

不论采取何种监管组织框架,都需要面对监管真空、交叉、错位等问题。而且在机构重组过程中,不但面临监管理念调整带来的错乱和磨合,还面临组织和人员调整带来的混乱和空白期。为此,有必要设置临时的监管协调部门,主要目的:一是保证监管的连续性;二是为新理念、新监管制度和组织提供综合性研究;三是直接进行监管协调。

具体而言,当前我国需要一个相对独立的部门,直接负责以下监管协调问题的研究、制度设计和决策。①危机救助的协调机制。特别是金融机构债务重组和破产清算、流动性救助(央行再贷款)和清偿能力救济(存款保险制度),金融市场的危机应对等。②金融混业经营和金融控股集团监管协调。③资产管理、财富管理、资产证券化等基于信托、委托代理的市场行为监管协调。④债券市场的统一和基准利率体系建设问题。⑤互联网金融的监管框架和制度。⑥民间金融、

金融欺诈、庞氏骗局和市场操纵等。

为此，可考虑成立一个相对独立、专业精深的日常机构，如可由现成立的国务院金融监管协调办公室承担。

该协调机构可主要集中做三类事：一是为国务院金融协调会议提供秘书性服务；二是对特定金融监管问题进行协调，一步一个脚印加快推动中国金融的整体改革步伐；三是坚持问题导向，专职研究协调监管中的交集问题、焦点问题。该协调机构针对金融发展中急需协调的事，"一事一议"，研制详细、可操作的方案、法规和制度。

该机构的人员主体为宏观经济学家和全面熟悉金融市场混业经营的任务人员，可主要从现"一行三会"中抽调，减少现"一行三会"的人员编制，也可从社会上招聘少许，但应坚持"精兵简政、人员精干"的原则。

该机构既可以作为过渡性机构，弥补监管组织制度改革过程可能产生的监管真空，并完成制度设计、监管协调的历史使命，也可在未来转为综合金融监管委员会，统筹金融监管。

（2）重点明确货币政策、宏观审慎和微观审慎的边界

从角色和目标看，微观审慎管理着眼于单个金融机构的稳健运行，宏观审慎管理着眼于整个金融体系的稳健运行，而货币政策着眼于稳定经济活动的价格和产出。似乎各自的定位清晰明确，但在现实操作中，三者之间的关系却并不像理论上显示的那么截然分明，其原因有两点。①目标与工具之间的对应关系。宏观审慎的概念还在不断发展之中，尤其是尚未发展出一套与之相关的政策工具体系，目前的操作绝大部分是附加在微观审慎监管工具上的。这就使得宏观审慎还无法完全独立成为一个宏观管理领域。②金融稳定与经济周期密切相关。金融既是经济周期的重要肇因，也是经济周期的主要表现形式。

作为周期性调控工具——货币政策无法与金融体系完全分离。

宏观审慎管理起源于 1979 年 6 月的库克委员会（Cooke Commit-tee，巴塞尔银行监管委员会的前身）。此后的 30 年间，一直断断续续地讨论此问题，关注的重点和内容不断丰富。从最初表示当微观经济问题变为宏观经济问题时，不能不关心宏观审慎性的笼统提法开始，到进一步发展到对整个金融体系的监管套利、衍生品市场定价、流动性、信息透明、支付结算体系超负荷等内容的研究（欧洲货币委员会，1986），对重要资产市场的研究（IMF，1998），以及对宏观审慎监管的严格定义及更宽范围内的讨论（国际清算银行，2000）。

宏观审慎在国际上真正流行，被各国政府、国际组织广泛重视，则是在这轮美国危机之后。2008 年金融危机后，国际主流机构主要从监管的角度对危机进行反思，认为基于单个金融机构的微观审慎监管并不足以保证金融体系的整体稳健运行。"危机爆发后，大家都逐渐认识到金融体系的顺周期波动和跨市场风险传播会对宏观经济和金融稳定带来冲击，甚至引发系统性风险。而采取宏观审慎政策的主要目的就是为了应对这种问题。"[1]

归纳近些年国际社会对宏观审慎问题的讨论，主要涉及以下两个方面。

一是"太大而不能倒"问题。部分机构由于业务规模庞大、业务联系广泛且复杂、风险暴露巨大，单个机构的风险暴露将会影响整个金融体系的稳定，从而威胁金融体系功能的发挥，国家不得不动用公共资源救助。从宏观金融的稳定和公平的角度，要对"太大而不能倒"的金融机构加强监管，并为其可能耗费的公共资源提前积累资金。

---

① 周小川 2016 年初接受财新网记者的采访。

二是逆周期和风险传递等带来的金融系统性风险防范体系问题。"在宏观货币政策和微观审慎监管之间，存在怎么防范系统性风险的空白，这就需要宏观审慎政策来填补。"①

我国在 2010 年末的中央经济工作会议上，正式引入了宏观审慎政策框架，并从 2011 年初开始，主要依靠资本充足率的自我约束和经济增长的合理需要来逆周期计算合意贷款规模，以及利用差别存款准备金率等工具形成激励约束机制。2015 年底，人民银行提出的实施宏观审慎评估体系（MPA）有 7 个方面的指标，包括资本和杠杆、资产负债、流动性、信贷政策执行情况等。

观察近些年宏观审慎政策框架的设计和实施情况，导致宏观审慎、微观审慎及货币政策界限不清的主要原因在于以下三个方面。

第一个方面：逆周期的宏观审慎政策与结构性的日常监管高度重叠。

从实践过程来看，我国的微观审慎监管承担了大量宏观调控的任务。不但执行着发改委的行业政策，还经常根据宏观形势变化调整监管政策，包括资产风险权重、各种业务如银行理财等的管理规定等。现有的宏观审慎政策管理的实施，也不完全是逆周期的宏观政策体系，而是针对单个机构的高频管理政策，在地方层面上有相当的灵活性，带有行政性和年度（甚至月度）规模管理的痕迹。这使得在实际执行过程中，宏观审慎和微观审慎使用基本相同的政策工具，并且各自带有对方的特征。

第二个方面：政策设计和执行能否分开。

有一种观点认为政策设计和政策执行不能分开，否则会出现相互

---

① 周小川 2016 年初接受财新网记者的采访。

扯皮的现象。分工和制衡是现代社会的一个重要特征。西方普遍实行的"立法、司法、行政"三权分立就含有政策设计和执行的分工合作、相互制衡的思想。这与需要应对"流动性救助"或者系统性风险管理责任，就需要把机构的日常监管纳入管理链条的逻辑一脉相承。经济学就是在买与卖、生产与消费、资产和负债等不断分离的过程中，从自给自足的经济走向分工合作的现代经济，并在不断的领域分工和环节外包的过程中走向繁荣。正是在这种分工经济中，能有效降低社会协调成本的社会资本才显得尤为重要，纸币、规则、政府管理才能有效地提高经济效率。事实上，政策设计和政策执行是两套完全不同的评价体系，政策设计关注的是系统的有效性，政策执行关注的是执行效率，两者更应该由不同部门分别执行，并采取不同的评价指标进行评估。

第三个方面：是货币政策传导效率问题还是金融稳定问题。

在中国当前环境下，货币政策调控存在更多困境。其中一个重要的困境来源于微观主体特征。我国实行以国有金融机构为主体的金融体系。国有金融机构的行为不完全和一般的市场机构相同，特别是在人事任命并非完全市场化的环境下更是如此。因此，真实的金融供给会表现出明显不同于市场经济的特征。比如，保留较多的缓冲，以保持机构本身的灵活性；并不完全从市场效率出发进行信贷决策，存在运动性和政策性贷款冲动；利益性指标不如数量型控制指标对微观主体的行为约束有效，等等。2015 年末，我国的信贷规模已达到 99.3 万亿元，但银行间债券市场仅为 43.9 万亿元，国债规模仅为 10.7 万亿元，大量的债券还由银行直接持有到期。高管的任职资格、行业牌照、资本充足率等比例性监管指标，对银行等金融机构的激励约束远远超过价格指标。此外，我国的货币政策还承担大量结构性调控目标，政府对金融机构的支付义务还有超过正常金融承诺的社会稳定要求，致使出现了传统的西方货币政策工具在中国不足以实现货币政策目标的问题。

其实我国央行职责中就一直有维护金融体系稳定的要求，并且央行也早就成立了金融稳定局专门负责这一问题。但金融稳定局面临的困境在于：一是缺乏必要的数据和模型来评估金融体系的稳定状况；二是即使发现甚至预警了金融不稳定因素，也缺乏足够的手段来防范和纠正。

有鉴于此，近期的任务重点应放在理顺央行和银监会的宏观审慎政策框架和微观审慎管理之间的职能和管理边界。建议针对下列金融机构两者共同监管：①被界定为系统重要性金融集团、金融机构；②风险暴露敞口巨大，威胁金融体系稳定的金融集团、金融机构；③需要央行提供流动性救助或者存款保险机构给予清偿能力救济的金融机构。

除对上述三类机构央行直接与金融监管部门介入现场检查、进行风险监测和处置外，宏观审慎管理政策主要致力于经济周期预测、金融系统性风险的识别和评估，并根据宏观周期和系统性风险状况，动态提出额外的逆周期资本和缓冲资本要求。宏观审慎管理政策也可根据现有的逻辑设计出模型化的资本要求，但具体的实施交由微观审慎管理主体具体负责。

（3）构建监管信息共享机制

近期有必要尽快加强监管信息共享机制的建立。其背景是：一方面，存在信息系统的重复建设问题，另一方面又给被监管机构带来巨大的监管成本。

为此，应尽快明确两点。一是所有非现场监管信息全部分层级共享。建立集中的、基于金融机构内部业务和管理信息系统的、联网的、自动的、常规信息采集和报送系统；信息在央行和金融监管部门之间共享，但采取分层查阅和处理权限的办法确保信息安全和保密问题。二是提高现场监管的信息共享。对于现场检查，分为常规性现场检查和非常规性现场检查。除了事前约定的事项（如需要宏观审慎监管介入），由央行和金融监管部门共同开展现场检查外，常规性现场检查主要由金融监管部门开展。常规性现场检查的结果，按照一定的密级在央行和监管部门内共享。

（4）划分中央和地方金融监管职能

地方基于以下理由介入了金融监管。一是上一轮农信社改革，中央将地方农信社的管理委托交由地方政府负责，地方政府委托给农信社省级联社管理。二是出于地方金融发展和招商引资的需要。中央金融监管集中管理后，地方政府无法有效影响全国性金融机构为促进地方经济发展而进行信用扩张，从而有动力通过股权、地方金融政策等方面促进地方金融发展，进而促进地方经济的发展。三是出于风险处置的需要。一旦金融机构，甚至准金融机构出现风险事件，中央政府往往要求地方政府全方位介入。四是由于中央没有明确规范，地方普遍出现了准金融形式（小贷、融资租赁、担保、典当、互联网金融等），为了规范其发展，既为地方经济服务又避免最终为这些准金融机构的风险事件买单，中央加强了对地方准金融机构的监管。五是在中央金融监管协调不足时期，地方金融在一定程度上发挥了不同金融机构之间的协调作用。

从近些年地方金融监管实践来看，这些金融监管职能绝大部分由地方金融办负责，但仍分散于多个职能部门，受人员编制和监管能力的制约，主要关注如何让金融更好地为地方经济服务、如何处理金融风险尤其是非法集资等问题。由于准金融机构风险承受能力较差，目前各地普遍出现政府主导推动的、共同进行流动性管理等做法。由地方政府管理农村信用社是一个过渡方案，大量农信社已转化为农商行，而农商行与省农信社联社之间的矛盾较为突出，未来不宜由省政府代管。为此，要做到以下三点。

第一点，要进一步明确地方金融监管的法律依据和职责范围。我国宜明确界定地方政府的金融管理职责，赋予地方政府在"风险处置"和"区域性金融稳定"方面的职责，明确地方政府一定的管理权力，提高其加强金融监管的主动性和有效性。我国可从国家或省级层面，制定出台地方金融监督管理条例，明确规定地方金融监管的监管机构、监管对象、监管职责、法律责任等相关内容，对地方金融监管局的权责进行规范化和制度化。

在确定地方金融监管权限时，要坚持合理分工原则。历史上，我国的中央层级的监管部门，往往"将好管的自己管，不好管的归到地方去"。而现在应根据金融业态的运行和风险特征并结合中央和地方的专业能力和信息优势来确定划分标准。非负债类及区域性的负债类机构，都可以考虑由地方监管。

在确定地方金融监管权限时，还要基于底线思维。要划定底线，确定什么不能做，全国统一标准，避免主体监管的做法。发牌照可能会断了草根金融的路，可考虑引入负面清单和真正的备案制管理方式。

例如，可考虑地方负责中央驻地方的金融监管部门法定监管范围之外的，吸收少数客户资金、限定业务范围、风险外溢性较小的新型金融组织和金融活动，包括小额贷款公司、融资性担保公司、民间资本管理机构、民间融资登记服务机构等新型金融组织，权益类、大宗商品类（中远期）等具有金融属性的交易场所，以及融资租赁、典当、拍卖、股权投资、创业投资、农业保险等金融业务。在中央统一制定监管规则的前提下，地方应承担相应的监管分工。地方政府要加强对民间借贷、新型农村合作金融组织的引导和规范，有效防范和打击金融欺诈、非法集资等各类违法违规行为，不断强化金融消费者保护职责。

第二点，要加快推进地方金融业务统一管理。过于分散的金融监管，特别是将金融监管交由非金融主管部门，导致金融监管边缘化，服从于主管部门主导业务的发展。由于以前地方政府没有金融工作部门，一些明显具有金融属性的行业分属地方不同部门监管（对应国家部委职能设置，如股权投资在发改委，典当、融资租赁在商务厅等）。在各省市基本已设立金融管理部门之后，可考虑对地方金融业务实行统一管理，设立省、市、县三级地方金融监管局，赋予地方金融监管局与风险防范处置责任相匹配的独立监管权。尤其在省级层面宜积极推进，进一步增强地方金融监管的协调性，有效防止个别行业和局部地区风险的蔓延和扩散。

第三点，要完善地方金融监管立法，配备与监管职责相适应的监管资源。

①完善地方监管立法，适当赋予地方监管灵活性。地方应积极跟进国家有关立法，制定出台相应的金融监管实施细则。同时按照地方立法权限，抓紧研究制定各省的发展和监管条例，为加强地方金融监管、促进金融业持续健康发展提供法制保障。省级监管部门宜结合本省地方金融新业态发展的实际，依据国家金融监管法律法规和政策规定，研究制订和完善本省金融新业态组织监管制度，确保地方金融新业态组织的合法合规经营。在条件成熟时，可按程序提请制定地方金融法规。

②不断强化地方金融监管队伍和能力建设。围绕地方金融监管工作需要，加强对各级地方金融监管局工作人员的培训，尽快提升监管能力和水平，同时从不同渠道遴选合适人才，充实地方金融监管队伍。加强相关行业监管信息数据的交换与整合，建立健全地方金融数据监测平台，为制定监管政策、开展监管工作提供科学依据。

③完善县域办事处设置。随着县域银行业服务职能的强化，银行业县域监管的任务越来越繁重，而在基层银行监管部门机构设置和资源配备方面均存在较大缺口和不足，需要进一步充实和完善。

④充分利用行业协会的力量。在地方监管实践中，既要强调地方监管的统一性，适当集中监管权限和资源，也要充分利用各类行业协会的作用。考虑到地方金融监管与中央层级监管的不同，更要加强行业自律。行业自律要创新，不一定单靠行业协会。关键是以市场化的"手"，提供正激励引导行业自律（分类监管、奖优罚劣，引导规范发展）。

⑤推动金融监管技术外包。对于现场监管和非现场监管，地方监管部门除了利用技术力量外，还可考虑适当外包给专业技术公司和评级公司，进行初步的数据分析和风险评级，地方监管部门可在此基础上进行更加专业的判断和监管。

⑥在业务信息系统基础上强化系统性风险管理。监管能力的高低，与监管工具、监管人员和资金有关，但更重要的是监管理念和制度、技术的提升。目前很多省级金融管理部门推动小贷公司建立全省统一的核心业务运营的计算机业务系统。这种建立在业务系统基础上的信息系统，有助于监管部门实时监测到所监管机构的真实业务信息，有助于提高监管的及时性和有效性，在有条件的地区应积极推广使用。但与此同时，也要看到这种监管技术手段的局限性。金融风险的识别和管理，需要基于真实业务信息，但又要有专门的技术方法和

制度进行汇总和处理。地方监管部门只有在此基础上进一步开发有效的风险识别和管理系统，才有可能更加有效地使用这套系统。

3. 中期改革重点：组织机构的重构

（1）组建综合的金融监管委员会，下设微观审慎管理局、市场和行为管理局

可考虑在未来3～5年内将目前的银监会、证监会、保监会合并，设立综合金融监管委员会。并打散现有的三会设置，下设微观审慎管理局、市场和行为管理局（图4）。

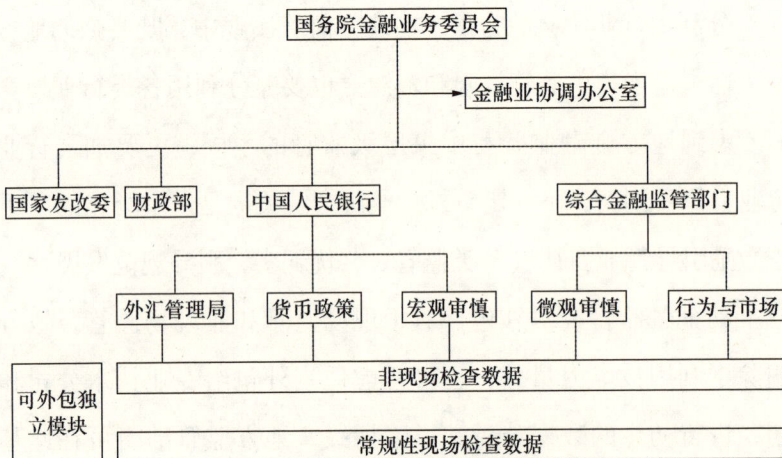

图4　国务院金融业务委员会组织机构

其中微观审慎管理局负责金融机构的市场准入（可采取分层牌照）、日常监管和市场退出。其中的金融机构不仅包括银行，还包括证券、保险、基金管理公司等金融机构，以及各类需要专业能力和诚信经营的市场参与者。根据需要可在微观审慎管理局下进一步设置现场监管局和非现场监管局。

市场和行为管理局负责信息披露、内幕交易、市场操纵等市场和行为的管理。其中，可考虑将银行间、交易所的市场进一步打通，并统一债券市场的管理机制。保留财政部、国企出于国家和国有资产利

益的额外限制，但任何主体参与债券市场，应遵循债券市场的统一规定。进一步统一股权市场，建立多层次资本市场的统一、分类管理规则。

2. 将分散于各个监管部门的中小投资者和消费者保护机构统一为中小投资者和消费者保护局

可考虑将央行及三个监管部门分别设立的中小投资者和消费者保护机构独立出来，统一设立中小投资者和消费者保护局，专门从事中小投资者的教育和消费者保护事宜。

执笔人：陈道富　张承惠　王　刚　朱鸿鸣

参考文献

［1］王忠生．中国金融监管制度变迁的路径考察．求索，2010（10）

［2］付丽历．西方金融监管理论与实践的演进与启示．云南财经大学财政与经济学院，2012

［3］齐萌．欧盟金融监管改革对我国的启示．经济纵横，2012（2）

［4］谢春凌．欧美国家金融监管改革趋势及启示．中国证券期货，2012（7）

［5］王达．美国主导下的现行国际金融监管框架：演进、缺陷与重构．国际金融研究，2013（10）

［6］巴曙松，尹煜．金融衍生品的国际监管改革及其借鉴．河北经贸大学学报，2011（6）

［7］谢平，邹传伟．金融危机后有关金融监管改革的理论综述．金融研究，2010（2）

［8］路妍．金融危机后的国际金融监管合作及中国的政策选择．管理世界，2011（4）

［9］岳彩申，张晓东．金融监管制度发展的新趋势——消费者保护与审慎监管的分离．上海财经大学学报，2011（3）

［10］江春，许立成．金融监管与金融发展：理论框架与实证检验．金融研究，2005（4）

［11］张彬，桑百川．金融监管改革下的特里芬难题变迁．国际金融研究，2015（3）

［12］曹凤岐．金融国际化、金融危机与金融监管．金融论坛，2012（2）

［13］尹龙．金融创新理论的发展与金融监管体制演进．金融研究，2005（3）

［14］高宇．后危机时代主要国家金融监管改革分析与述评．国际经济合作，2012（7）

［15］郭伟，刘扬．后危机时代欧盟与法国金融监管的新变化及启示．国际金融研究，2013（12）

［16］宿莹．后危机时代国际金融监管理念的变革．武汉大学法学院，2011

［17］何诚颖，赫凤杰，陈薇．后金融危机时代中国金融监管的演变和发展．经济学动态，2010（7）

［18］李成，李玉良，王婷．宏观审慎监管视角的金融监管目标实现程度的实证分析．国际金融研

究，2013（1）

[19] 何中伟. 国际金融监管制度的改革与发展. 国际金融，2012（6）

[20] 禹钟华，祁洞之. 对全球金融监管的逻辑分析与历史分析. 国际金融研究，2013（3）

[21] 巫文勇，张惠萍. 从美联储角色定位看美国金融监管制度改革. 理论探索，2009（6）

[22] Barry E, Nergiz D. Who Should Supervise? The Structure of Bank Supervision and the Performance of the Financial System [Z]. National Bureau of Economic Research, Inc, 2011.

[23] Charles G, Dirk S, Paolo D. The skill profile of central bankers and supervisors [Z]. London School of Economics and Political Science, LSE Library, 2001.

[24] Simeon D, Rafael L P, Florencio L, et al. The Regulation Of Entry [J]. The Quarterly Journal of Economics, 2002, 117 (1): 1–37.

[25] Mathias D, Jean T. The prudential regulation of banks [Z]. ULB—Universite Libre de Bruxelles, 1994.

[26] Charles G. The Organisational Structure of Banking Supervision [Z]. Financial Markets Group, 2000.

[27] Edward J K. The Gathering Crisis in Federal Deposit Insurance [M]. The MIT Press, 1985.

[28] Donato M, Marc Q. The Evolution of Financial Supervision: the Continuing Search for the Holy Grail [M] //SUERF – The European Money and Finance Forum, 2013: 263–318.

[29] Charles G. The Changing Role of Central Banks [Z]. Financial Markets Group, 2010.

[30] Berger H. The Bundesbank's Path to Independence: Evidence from the 1950s [J]. Public Choice, 1997, 93 (3–4): 427–453.

[31] Goodhart C, Schoenmaker D. Should the Functions of Monetary Policy and Banking Supervision Be Separated? [J]. Oxford Economic Papers, 1995, 47 (4): 539–560.

[32] Di Noia C, Di Giorgio G. Should Banking Supervision and Monetary Policy Tasks Be Given to Different Agencies? [J]. International Finance, 1999, 2 (3): 361–378.

[33] Laffont J, Martimort D. Separation of Regulators against Collusive Behavior [Z]. Institut d? conomie Industrielle (IDEI), Toulouse, 1994.

[34] Itai A, Sunil S. Rules, Discretion, and Macro – Prudential Policy [Z]. International Monetary Fund, 2013.

[35] Clive B. Revisiting the Rationale for a Single National Financial Services Regulator [Z]. Financial Markets Group, 2002.

[36] Boyer P C, Ponce J. Regulatory capture and banking supervision reform [J]. Journal of Financial Stability, 2012, 8 (3): 206–217.

[37] Kane E J. Principal – Agent Problems in S&L Salvage [J]. Journal of Finance, 1990, 45 (3): 755–764.

[38] Masciandaro D. Politicians and financial supervision unification outside the central bank: Why do they do it? [J]. Journal of Financial Stability, 2009, 5 (2): 124–146.

[39] Mayes D G, Nieto M J, Wall L. Multiple safety net regulators and agency problems in the EU: Is Prompt Corrective Action partly the solution? [J]. Journal of Financial Stability, 2008, 4 (3): 232–257.

[40] De Graeve F, Kick T, Koetter M. Monetary policy and financial (in) stability: An integrated mi-

cro – macro approach [J]. Journal of Financial Stability, 2008, 4 (3): 205 – 231.

[41] Joe P, Eric S R, Geoffrey M B T. Is Bank Supervision Central To Central Banking? [J]. The Quarterly Journal of Economics, 1999, 114 (2): 629 – 653.

[42] Masciandaro D, Quintyn M, Taylor M W. Inside and outside the central bank: Independence and accountability in financial supervision: Trends and determinants [J]. European Journal of Political Economy, 2008, 24 (4): 833 – 848.

[43] Schüler M. Incentive Problems in Banking Supervision: The European Case [Z]. ZEW – Zentrum für Europ? ische Wirtschaftsforschung / Center for European Economic Research, 2003.

[44] Alan S B. How Central Should the Central Bank Be? [J]. Journal of Economic Literature, 2010, 48 (1): 123 – 133.

[45] Masciandaro D, Quintyn M. Helping hand or grabbing hand?: Politicians, supervision regime, financial structure and market view [J]. The North American Journal of Economics and Finance, 2008, 19 (2): 153 – 173.

[46] Handbook of Central Banking, Financial Regulation and Supervision [M]. Edward Elgar, 2011.

[47] Marc Q. Governance of Financial Supervisors and its Effects – A Stocktaking Exercise [M] //SUERF – The European Money and Finance Forum, 2007: 7 – 60.

[48] Charles G. Global Macroeconomic and Financial Supervision: Where Next? [Z]. National Bureau of Economic Research, Inc, 2011.

[49] Prati A, Schinasi G J. Financial Stability in European Economic and Monetary Union [Z]. International Economics Section, Departement of Economics Princeton University, 1999.

[50] Larry W, Robert E. Financial Regulatory Structure and the Resolution of Conflicting Goals [J]. Journal of Financial Services Research, 1999, 16 (2): 223 – 245.

[51] Robert E, Larry W. Financial regulatory structure and the resolution of conflicting goals [J]. Proceedings, 1998 (Sep).

[52] George J B, George G K. FDICIA after Five Years [J]. Journal of Economic Perspectives, 1997, 11 (3): 139 – 158.

[53] Masciandaro D. Divide et impera: Financial supervision unification and central bank fragmentation effect [J]. European Journal of Political Economy, 2007, 23 (2): 285 – 315.

[54] Pierre C B, Jorge P. Central Banks and Banking Supervision Reform [M] //Edward Elgar, 2011.

[55] Masahiro K, Peter J M. Central Banking for Financial Stability in Asia [J]. Public Policy Review, 2012, 8 (3): 215 – 246.

[56] Jeroen K, Jakob H. Central bank independence and inflation revisited [J]. Public Choice, 2010, 144 (3): 445 – 457.

[57] Alessandro G, Salim M D, Marco A. Banking Supervision: Quality and Governance [Z]. International Monetary Fund, 2007.

[58] Thorsten B, Asli D, Ross L. Bank Supervision and Corporate Finance [Z]. National Bureau of Economic Research, Inc, 2003.

[59] Jorge P. A Normative Analysis of Banking Supervision: Independence, Legal Protection and Accountability [Z]. Banco Central del Uruguay, 2008.

对我国金融控股集团管理的若干思考

金融控股集团可分为非经营型和经营型。非经营型金融控股集团都是"多个法人、多块牌照、多种业务",其中母公司不从事金融业务,只是单纯的股权管理,下面的各控股子公司分别从事不同的金融业务,各金融子公司之间有防火墙。经营型金融控股集团也是"多个法人、多块牌照、多种业务",其中母公司本身经营自己的业务,如银行、保险或证券,下设子公司开展其他金融业务,如银行设立子公司开展保险、证券等,保险公司设立子公司开展银行、证券等业务,母公司和子公司以及子公司之间都有防火墙。非经营型金融控股集团和经营型(银行)金融控股集团都是历史的产物,受文化及当时的社会管理体制和金融运行特征等影响,是各界顺应时代趋势在金融领域对资源进行整合和重构的探索实践。法律源于实践又超越实践,是对现实冲突协调机制的深刻总结和升华。

一、非经营型金融控股集团与经营型金融控股集团的比较

两类金融控股集团的共同点:仅从股权和组织管理进行区分;都

采用有限责任的股权进行风险隔离；都可包含银行机构。

两类金融控股集团的不同点：一是业务范围不同。非经营型金融控股公司专注于股权管理，经营型金融控股公司除股权管理外，还从事经营活动。其中银行控股集团的母公司除股权管理外，还从事银行业务。二是银行与其他金融机构之间的关系不同。在银行控股集团中是"母子"关系，而在非经营型金融控股集团中是"兄弟"关系。

下面从资源整合、社会安全网滥用、复杂性和透明度、市场力量均衡等方面，对两类公司的差别进行具体分析。

1. 资源整合

资源整合的深度取决于对哪个层面的资源（以什么作为基本要素）进行重构。资源整合可以在股权、组织、业务、功能要素等层面进行。其中实现特定金融功能是资源整合的最终目的，股权、组织和业务层面的整合最终都将落实到功能要素层面的整合，上下层面形成良性互动。所以，合理的股权和组织架构有利于股权和组织层面的资源整合，但并不是影响资源整合的最根本因素。

由于母公司经营业务，银行金融控股集团增加了在业务层面引导集团资源整合的能力，有助于更深入地推动集团资源整合。考虑到股份有限公司的所有权和经营权已相当程度上相互分离。非经营型金融控股公司仅拥有所有权，在可能存在的股东利益不一致，尚未为集团内的成员公司提供有效服务的情况下，母公司（金融控股公司）对经营层面的资源整合缺乏有效的渠道和权威。

在金融控股模式上，初期我国选择纯粹金融控股公司模式的较多，但随着时间推移，以银行等金融机构为母公司的经营型金融控股集团逐步成为主流模式，非经营型金融控股公司模式主要为实业集团所采用。非经营型金融控股集团的控股公司在股权管理、品牌、营销、风险管理等方面做了大量工作，但有效的资源整合仍主要以某类金融机构的业务合作为主。我国当前的银行金融控股集团倾向于以独资形式设立非银行金融机构或者拥有最大比例的表决权，非银行业务在集团公司中的资产占比较小，利润贡献率较低。子公司对商业银行的依赖性较高，非银行子公司的业务营销主要依赖商业银行的网点和庞大的客户群，其大部分董事和高管也来自商业银行，商业银行通常作为旗下子公司的业务主办行并为其提供临时的、大额的资金。

2. 社会安全网的滥用

两种模式下，社会安全网通过银行的业务联系被重复、过度使用。在银行金融控股集团下，银行控股其他非银行金融机构，形成"母子"关系（特别是考虑到金融法律在很多方面都要求股东承担额外责任，如危机救助、增加资本等，我国的信托公司甚至要求股东提供流动性支持），滥用社会安全网的动机更强。在控股的非金融机构出现流动性、清偿能力危机之前，母公司本身就是银行，拥有直接的业务和资金能力，具有更强的动机进行内部救助。因此，子公司往往能获得银行社会安全网外溢产生的社会信任。相对而言，在非经营型金融控股集团模式下，银行与其他非银行金融机构之间属于"兄弟"关系，内部救助的动机不如"母子"关系强，额外的救助需要金融控股公司（母公司）的协调，没有直接的资源调动能力。

3. 复杂性和透明度

非经营型金融控股公司的股权结构和业务经营相分离，结构相对简单，内部联系外部化，透明度较高。银行金融控股集团将股权管理和业务经营集中在银行母公司内部，经营活动和股权管理活动相互交织，结构上相对复杂，在同等的信息披露要求下，行为内部化且透明度较低。在直接融资较发达，强调投资者个人负责的环境下，倾向于采用非经营型金融控股集团模式；在间接融资较发达，投资者倾向于信任金融机构能力的环境下，较容易接受经营型金融控股集团模式。

4. 市场力量的均衡

任何形式的金融控股集团，在设计之初都致力于实现市场力量的相对集中。资源整合越有效，市场的影响力越大，越有可能打破市场力量的均衡。当然，只要不带来不公平竞争，不损害弱势群体的利益，市场力量的不均衡是市场发展的动力。银行金融控股集团的资源整合优势略好，更容易形成市场不均衡力量。

总之，由于经营权和股权管理权都集中在银行母公司，银行金融控股公司资源整合能力较强，但部分信息内部化、结构相对复杂，不利于外部监督，银行所内含的社会安全网更容易被重复、过度使用，引发宏观金融风险。相对而言，非经营型金融控股集团结构简单、所有权和经营权相对分离、透明度更高，但内部资源整合难度较大。但是，无论哪一类金融控股公司都会导致金融市场的力量集中，都需要重视对公平竞争环境和弱势群体的保护。

二、我国的特殊性

立法是在特定时空下对市场主体间关系的调整。任何一部法律都不得不与当前的总体法律环境、管理体系和社会经济运行特征相适应。

当前，考虑法律在非经营型金融控股集团与经营型金融（银行）控股集团的倾向性时，需关注以下几点。

第一点，不均衡的市场结构。一是银行仍在我国金融市场上发挥主导作用，市场集中度仍较高。即使以社会融资总量看，银行主导的融资形式（人民币贷款、外币贷款、委托贷款、信托贷款和未贴现银行票据）占社会融资总量的比例超过80%。考虑到企业债券相当一部分也是银行在银行间市场承销并持有，银行在非金融企业社会融资市场上的影响力更大。在银行理财、信贷资产证券化等市场，银行也发挥着重要作用。二是银行的市场集中度仍较高，五大国有银行和股份制银行占据着全国市场的主要份额，当地市场则由农信社或城商行主导。

第二点，国有为主的股权结构导致社会股东很难在公司治理中发挥作用，同时带来金融控股集团经营机制的不完全市场化。在这样的背景之下，很难仅通过股权调整来整合资源。

第三点，社会安全网并不由银行独享，而是相当程度上外溢于所有正规金融机构，隐性担保和刚性兑付普遍存在。

第四点，中小投资者保护和市场行为监管能力相对较弱，仍采取以机构为主的分业监管模式，同一业务采用不同的监管标准，监管套利空间巨大。

三、对金融控股集团相关法律调整的若干思考

1. 法律上可允许多种管理架构并存，将股权和组织模式的选择权交由市场主体，但对不同股权和组织模式的特征提出要求

金融综合化经营是我国金融发展的内在要求。随着我国直接融资市场的发展，微观主体金融需求的多元化，以及金融创新、放松管制和金融业竞争的加剧，金融业的发展逐步从以产品为中心转向以客户为中心。金融综合化经营具有深刻的宏微观基础，是当前经济金融发展阶段的内在要求。

金融综合化经营可通过多种方式实现。到目前为止，我国金融体

系从三个层面响应金融综合化经营的要求。

一是金融企业通过组织调整、股权合作实现金融的综合化经营。组织调整和股权合作，也就是将现有金融组织作为基本要素进行金融体系重构。在我国表现为从金融机构的事业部制改革，到创建金融控股公司，再到银行控股公司等金融集团等。已出现的综合化经营金融集团的雏形可分为4类：①以商业银行为主体的银行控股公司，如工商银行、中国银行；②纯粹的金融控股集团，如光大集团、中信集团；③非银行金融机构主导的控股公司，如中国平安、长城资产管理公司等；④地方政府设立的管理地方金融资产的公司，如天津泰达、上海国际集团。此外，一些央企、民企参股控股了部分金融机构，形成产融结合集团。

二是金融机构之间的业务合作。业务合作是金融体系将业务模块作为基本要素进行重构。在我国表现为从金融机构间一般性的战略合作，到各类"通道"业务及各种业务合作，主要体现为开发各类理财产品。

三是金融要素通过契约进行功能性重构。金融要素以契约方式进行功能性重构具有重大意义，即将金融最基本的要素，如信用增级、期限转换、销售推广等按照客户需要进行功能性重构。典型例子如资产证券化、财富（资产）管理以及互联网金融中涌现的各种创新、区块链等。

选择不同层面进行重构，是市场主体在特定环境下对市场和企业边界的不同选择。这三个不同层面金融要素组合的重构，反映了企业组织结构、法律结构、产权结构、业务结构、管理结构可以相互分离，并在不同层面上进行重新组合。

法律规范改变的只是金融综合化经营各种实现方式的相对成本，

同样的功能可用不同的模式构造出来。因此，市场并不仅仅是在非经营型金融控股集团和经营型（银行）金融控股集团之间选择，而是在更广的范围内选择金融综合化的实现模式。

原则上，应尽可能地保证金融行为，特别是存在宏观金融风险的金融行为，在法律框架内发生，尤其在具有宏观管理优势的领域内发生。当市场受法律、监管制约，最终大量选择业务合作和金融基本要素使用契约进行功能重构时，金融业务真实的发生空间在机构和正规金融体系外，处于我国金融管理和法律规范的薄弱环节。这时的金融风险只是得不到暴露和管理而已。因此，建议法律上应允许多种股权和组织结构并存。任何形式的股权和组织结构，都应满足可理解、充分披露。

2. 法律调整的重点应放在风险源上

市场上现实存在的组织形式都有其合理性。法律调整的重点，是纠正每种模式可能产生的权、责、利的偏离，针对的是超越个体的宏观风险，具体的股权和组织形式并不是重点。法律关注的焦点应从股权、组织架构转向股权和组织架构的特征，转向金融综合经营的最终风险源。

金融综合化经营，特别是金融控股集团的发展，在复杂性、透明度、社会安全网、系统重要性等方面，破坏了原有金融系统的稳定框架，因此需要引入额外的法律措施来实现新的平衡。

（1）削弱了资本充足性管理的有效性

金融控股集团由于其股权和组织等的复杂性、不透明性，给原有的以资本充足率为基础的审慎监管增加了难度。一是资本可能存在重复计算。由于集团内股权关系复杂，存在多层持股和交叉持股，导致即使采取并表计算的方式也可能存在资本重复计算，从而无法准确衡量集团的资本情况。二是集团的经营运作状况、资产负债状况模糊不清，影响了对集团资产、净资本的准确评估。这种挑战并不是根本性的，主要受制于信息披露和监管部门的管理能力、技术水平等。

（2）社会安全网的滥用问题

主要涉及两个层面。一是政府对中小储户的额外担保（主要是银行）。这种安全网被金融集团有意无意滥用，外溢于整个集团。二是集团规模较大，已达到"太大不能倒"的程度。这两类社会安全网的滥用，都有可能在日常行为中引发道德风险，从而累积系统性宏观金融风险。

（3）更容易出现利益输送与监管套利

由于金融控股集团涉及的内外部机构较多，不同业务、不同客户、不同机构之间存在一定的利益冲突，加上结构复杂、信息不透明，加大了不当利益输送的风险。在监管标准存在不一致时，金融控股集团更容易进行监管套利。

（4）加大了对系统重要性机构监管的必要性

集团化并不能消除系统性风险，只会将风险累积和后延。当集团的微观管理能力不足时，就会外溢为宏观风险，集团就成为系统重要性金融机构，有必要加强对金融集团的宏观审慎管理。

由此可见，非经营型金融控股集团和经营型（银行）金融控股集团的风险并不根源于经营性或非经营性，而在于股权和组织架构是否透明、简单，是否采取更复杂和更具有宏观审慎意义的资本充足率管理，是否能合理管理社会安全网、有效管理集团可能存在的利益输送行为。

3. 金融控股集团的管理重点

金融体系的稳定需要一整套法律体系和完善的管理系统，仅靠一部法律（如《银行法》）和一个监管部门是不可能实现的。从国际经验看，至少包括审慎监管、流动性救助体系、危机救助体系、行为监管、中小投资和消费者保护、包容性发展等方面内容。金融控股集团权、责、利的平衡是需要一整套的法律和管理体系来实现的。在当前其他层面的法律和管理措施存在缺失、不到位的情况下，部分法律不得不做出相应调整，适当扩大规范范围。

为此，当前对金融控股集团的法律规范重点可考虑集中在以下几个方面：①将控股公司纳入监管范围，减少控股集团结构的复杂性，增加其透明度；②防止金控集团对社会安全网的滥用；③加强对系统重要性金融机构和金控集团的审慎监管；④提高金控集团的信息披露要求，保护中小投资者和消费者权益；⑤要求金控集团建立并实施完善的治理结构、严格的内部控制与风险管理体系；⑥规范金控集团的资源整合，防止利益输送。

4. 应将直接享受社会安全网的业务和部分完全独立出来

2008 年金融危机后，国际社会对金融机构的"大而不能倒"产生的道德风险进行了深刻反思，特别是对承接大量社会安全网的银行机构进行反思。美国提出了"沃尔克规则"（Volcker Rule），英国提出"围栏"策略（Ring Fence），欧盟提出"利卡宁报告"（Liikanen Report）。这些规则和报告都没有禁止金融综合化经营，而是严格隔离自营性投资银行业务和商业银行的零售业务，强调通过提高银行的资本和流动性标准、增加可最终用来冲销损失的所有者权益、提高银行的可破产性等措施，确保银行的风险承担行为受市场纪律的约束。其核心是将具有公共服务性质、承接社会安全网的银行本源业务（商业银行零售业务）独立出来，防止安全网的滥用。

"沃尔克法则"的具体内容主要有两点。一是禁止银行从事自营交易。最终条款明确了自营交易范围，其中承销、做市、风险对冲、交易政府债券等可从自营业务中豁免，允许外资银行机构在交易决定及主要风险发生在美国境外时，从事自营交易。二是限制银行投资对冲基金和私募股权基金的规模，允许银行以不超过一级资本的3%投资于对冲基金和私募基金，并且在每支基金中的投资不得超过该支基金募集资本额的3%。

英国的"围栏"策略的具体内容主要有三点。一是对最基本的银行零售业务，包括面向个人和中小企业的存款、对个人透支、对中小企业贷款以及用于对冲风险的辅助业务等，由独立法人的银行（"围栏银行"）专门承担，把这些业务圈护起来，严格禁止"围栏银行"从事绝大部分的投资银行业务。二是"围栏银行"仍在金融集团的框架内，不与集团完全脱钩，是集团内的独立法人，保持法律地位、业务运营、公司治理结构的独立性，"围栏银行"与集团内其他实体彼此视作第三方机构，按市场原则进行交易，但继续允许"围栏银行"利用身在金控集团的便利，获得信息共享等综合经营模式的便利。三是"围栏银行"独立执行资本金、流动性、风险吸收能力等监管要求。

欧盟"利卡宁"报告建议，在银行集团内部，分离从事特定高风险业务的"交易实体"和从事存贷款业务的"存款银行"。

对于我国来说，有必要参照国际做法，在法律中严格隔离金融控股集团的银行业务，以保证具有公共服务性质、承接国家安全网的基本金融服务，尽可能避免受集团非审慎行为的影响。

执笔人：陈道富

金融控股公司发展模式及其监管的国际经验

本报告分析了国外金融控股公司的不同发展模式，考察了其面临的主要风险，探讨了不同的监管模式及其监管重点，从而为中国金融控股公司的发展和监管提供了借鉴。

一、境外金融控股公司的发展模式

在金融全球化和金融创新的浪潮中，美、欧、日等地的许多大型金融机构向金融控股公司转型，这一过程并非偶然，而是有其深刻的经济与金融背景。金融控股公司的发展背景包括市场竞争的推动、金融创新及金融一体化的推动、科学技术进步的推动、金融制度创新及管制放松的推动等。虽然金融控股公司出现的背景较为类似，但由于各国金融体制的差异以及改革初始条件的差异，金融控股公司发展的路径和模式也存在一定的差异。

一般将境外金融控股公司的发展模式概括为全能银行模式、纯粹性金融控股模式与经营型金融控股模式。以下分别以典型国家为例，分析上述三种模式的特点及其变革。

（一）全能银行模式：以德国为例

全能银行模式源于德国。全能银行即指"单一法人、多块牌照、多种业务"，以单一商业银行为法人主体，下设银行、证券、保险、信托等部门，各部门经营不同的金融业务，业务类型几乎涵盖所有的金融业务，有的还投资控股实业。一般认为，全能银行最大的缺陷是各金融子业之间没有防火墙，容易导致风险传染。

德国的银行从成立起，由始至终都是实行混业经营的全能银行制度。德国的银行从成立起就必须能够办理传统商业银行的存贷款、表外业务、证券投资、保险、信托等全方位的金融业务，否则将被吊销营业执照。德国一直以来坚持实行全能银行制度的原因主要有以下三个方面。

首先，德国政府没有对银行业的经营设置障碍或经营的限制，而是给予银行经营以极大的发展空间。

其次，德国政府在法律上给予银行业特殊的保护和支持。特别是在 19 世纪初西方工业革命时期，德国政府非但没有设立反托拉斯法和禁止银行董事兼职的法律规定，反而鼓励和支持银行承担和办理投资银行业务和保险业务，使银行得以在成立后，就办理全方位金融领域的各项业务。两部法律为德国的全能银行发展奠定了法律基础：1957 年 7 月 26 日，德国政府颁布了《联邦银行法》，又于 4 年之后的 1961 年 7 月 10 日，颁布了《银行法》，为德国的全能银行发展提供了法律依据并奠定了法律基础。这两部法律为银行业广泛参与证券、保险、信托等业务及投资工商企业，提供了广阔的发展空间和法律依据，形成了德国银行资本与工商企业及建筑业等的产权交融、交叉持股、混业经营的全能银行金融体制。德国的全能银行拥有诸多的权力：一是从事商业银行和投资银行的零售及批发业务的权力和义务；二是持有工商企业股权的权力；三是享有以机构投资者的身份进行证券投资的独占权力；四是为各行业发放贷款和提供融资活动的权力。因此，德国的全能银行也是最彻底的、综合化程度最高的全能银行。

最后，随着德国工业化进程加快，德国的产业、商业对于银行的长期信贷资金需求加大，而德国资本市场却十分不发达。因而，工商企业急需的资金需求只能靠银行提供的长期存贷资金来完成，故而一方面形成了工商企业对银行业的严重依赖，另一方面造成银行资本向工商企业不断地渗透。因此，银行以直接持股或连锁董事制的方式参与企业的经营决策并通过董事会直接控制企业。德国的全能银行一方面可以直接买卖企业股票，对于许多大企业股权控制在25%以上，从而成为企业的大股东，另一方面，企业和银行之间可以交叉持股。德国的全能银行不仅控制了德国的建筑业与商业，而且控制了电气、钢铁、机器制造等重要行业的重大企业，使银行业几乎遍布了所有的行业。因此，德国的全能银行不仅发挥金融业的融资作用，而且发挥着金融市场和工商企业的作用。

（二）纯粹型金融控股模式：以美国为例

纯粹性金融控股模式主要存在于美国和我国台湾地区，和全能银行模式的相同点是，也是指"多个法人、多块牌照、多种业务"。而不同的是：母公司不从事金融业务，只是单纯的股权管理，下面的各控股子公司分别从事不同的金融业务；各金融子公司之间有防火墙。

1999 年 11 月 12 日，美国《金融服务现代化法案》（Financial Services Modernization Act of 1999，又称 Gramm-Leach-Bliley Act，简称 GLBA）正式颁布。该法案废除了《格拉斯—斯蒂格尔法案》中的第 20 条（禁止会员银行与任何从事有价证券业务的机构进行联营），从法律上消除了银行、证券、保险各个金融机构在业务范围上的边界。GLBA 标志着美国分业经营时代的结束以及混业经营时代的正式确立。但是美国模式的混业经营不同于德国的全能银行，它是通过金融控股公司下的子公司来实现的，通过并购或投资控股独立的子公司分别从事银行、证券、保险等业务。

GLBA 中没有明确地对金融控股公司加以定义，而是通过限定银行控股公司转变为金融控股公司的条件来对其加以界定。银行控股公司成为金融控股公司的条件包括：银行控股公司的所有存款机构必须满足并维持充足的资本；银行控股公司的所有存款机构必须满足并维持优良的管理；必须达到《1977 年公众再投资法案》中有关信用评级的标准。GLBA 对 1956 年《银行控股公司法》相关条款有较多的修订，金融控股公司是在银行控股公司的基础上经由诸多法案条款修改后形成的。

银行控股公司是指拥有或控制（所谓控制是指母公司拥有子银行超过 25% 的股权）一家或多家商业银行的公司组织形式。1956 年《银行控股公司法》颁布之前，不论是单一银行控股公司（即拥有或控制一家银行的银行控股公司，以下简称 SBHC），还是多家银行控股公司（即拥有或控制两家或两家以上银行的银行控股公司，以下简称 MBHC），都可以通过所有或控股非银行子公司从事多元化的金融业务。1956 年的《银行控股公司法》对 MBHC 做出了若干限制性规定，例如，限制 MBHC 并购非银行金融机构以及从事非金融业务活动等等。由于该法仅将 MBHC 纳入管理范围，而 SBHC 不受此限制，仍可通过拥有或控制经营非银行子公司实现跨业经营，有效规避《格拉斯—斯蒂格尔法案》的限制。MBHC 的迅猛发展引起了监管者的关注，1970 年美国国会通过了《银行控股公司修正法案》，把 1956 年

《银行控股公司法》的管辖范围扩大至 SBHC。

然而，传统银行业务利润空间的减少和来自国外银行的竞争使得业务过于单一的美国商业银行迫切要求放宽对业务范围的限制。20 世纪 80 ~ 90 年代，1956 年《银行控股公司法》过窄的业务范围限制条款被多次修改。

其中，重要的修改有：1987 年，美联储利用《格拉斯—斯蒂格尔法案》第 20 条款中的一个漏洞，批准银行控股公司承销先前被禁止承销的证券，但规定其收益不得超过全部收益的 10%（1996 年被提高至 25%），这种能够有限度地从事证券承销和买卖的银行控股公司的子公司被称为"第 20 条子公司"（Section 20 Subsidiaries）；1991 年，美国财政部提出《金融体制现代化：使银行更安全、更具竞争力的建议》的银行改革方案，倡导允许银行与证券公司合并；1996 年底，货币监理署颁布法规，放宽对银行从事证券及保险业务的限制；1999 年的《金融服务现代化法》通过引入一个全新的组织形式（即金融控股公司），大大扩大了银行控股公司的业务经营范围。综上所述，银行控股公司的发展过程，从一定意义上说，是业务经营范围不断扩大，分业限制愈加放松的过程。

GLBA 修改了 1956 年《银行控股公司法》第 4 条（Section 4），增加（k）至（o）新款，转变为金融控股公司的银行控股公司的业务权限扩大了，其所能从事的业务被扩充至第 4 条第 k 款〔Section 4（k）〕所包括的业务，其中包括证券承销和自营买卖、保险代理及承销业务和商人银行业务；而未能转变为金融控股公司的银行控股公司仅可从事由 1956 年的《银行控股公司法》的第 4 条第 c 款第 8 项〔Section 4（c）（8）〕中联邦储备理事会所核准的与银行紧密相关的业务。可见，GLBA 最显著的特征就是其大大扩展了银行控股公司的业务范围。

由于美国金融控股公司上述渐进式的发展路径，其相关立法与发展模式呈现如下几个特点。

1. 以促进金融服务业的竞争为导向

GLBA 的颁布给予了金融企业平等竞争的机会和自由选择的权利，而它们作为追求利润最大化的利益主体，一定会根据自身的实际情况审时度势地做出合理的选择。与此同时，金融作为一种服务业，其不断发展与健全的最终受益者是广大顾客。GLBA 的成功与否不应由金融控股公司数量的多少以及他们混业经营的程度来衡量。事实上，当金融企业能够有充分的自由来决定其从事的业务以满足客户的需求时，GLBA 就已经成功了。GLBA 的贡献在于它增加了金融服务业的竞争，使得金融企业能够更有效率地提供服务，并且更好地满足客户的需求。

2. 统筹性

美国的金融控股并没有形式上的独立法案。之所以这样，是因为立法者考虑到金融控股不是单一工程，而是一个系统工程，它涉及银行、证券、保险、投资基金等多个金融领域。因此，要放开对金融控股的限制、规范金融控股行为，不只是通过立一个金融控股法就能解决的，而是需要从整体上对金融管制进行松绑并重新规范。正因为如此，美国的金融控股公司设立的法律依据不是什么金融控股公司法（美国也没有这样一部法案），而是《金融服务现代化法案》。该法共 7 章 219 条，包括：第 1 章促进银行、证券公司和保险公司之间的联合经营；第 2 章功能监管；第 3 章保险；第 4 章单一储贷控股公司；第 5 章隐私；第 6 章联邦住宅贷款银行系统现代化；第 7 章其他条款。从该法案章节的编排就可以看出金融控股公司在整个金融体系中扮演的角色。

3. 渐进性

美国金融控股公司是随着金融管制的不断放松而出现的，是渐变而不是开闸放水式的突变的结果。一方面，这种竞争演化式的改革赋予了金融机构自由选择的权利。一旦阻碍混业经营的法律藩篱被拆除，原来深受分业经营制度约束的大型银行控股公司，就立即获取了全面从事金融业务的资格。另一方面，行业观察人士与研究者在 GLBA 颁布之初所预期的大规模的跨业并购和混业经营状况并未出现。相当多的原以为可以从 GLBA 中获益良多的银行控股公司没有转变为金融控股公司，也有相当数量的已取得混业经营资格的金融控股公司没有进行跨业经营。原因主要在于之前改革的渐进性与演化性质，具体来说，有以下几个方面。

①在 GLBA 颁布之前，监管当局一次又一次的放松使得银行控股公司事实上可以从事范围相当广泛的业务，这种经营结构对于大多数中小型银行控股公司而言是有效率的；而当转变为金融控股公司并且从事 GLBA 下的全面的证券、保险业务的收益并不明朗的时候，银行控股公司的驻足观望是完全可以理解的。

②在美国，就数量而言，银行体系由小型银行机构主导。而对于小型银行而言，参与保险业务的最佳方式是利用银行广泛的网络分支机构，代理保险公司的某些业务，而保险承销业务由于其较强的专业性和复杂性，即使全面开放，也未必会成为众多小型银行选择的业务类型。

③银行、证券和保险业不同的收益率可能阻碍了跨业收购，即银行的跨业经营。例如，在美国，保险业的回报率低于银行业，银行和保险公司的并购可能导致银行控股公司的收益率降低。另外，美国证券业的盈利率高于银行业，这也在一定程度上阻碍了银行和证券公司的并购。

④金融控股公司虽然具有子公司间的产品交叉销售所带来的范围

经济等优势，但也面临诸多新的风险以及新的监管要求。

⑤金融控股公司要面临集团各关联公司的协调成本以及文化冲突等问题。集团的规模大并不总是意味着效率高，在对不同子公司进行管控的时候，集团的规模越大实施起来困难就越多。如果没有足够的风险管理，多元化经营的优势就会被抵消。

⑥金融各业之间不同文化的任何问题，也会给控股公司的管控造成压力。金融控股公司的子公司之间可能由于不同的经营理念（亦称公司文化）而不能有效地融合。例如，保险公司通常是风险厌恶者，而证券公司则是风险中立或风险爱好者，不同的经营理念可能导致公司管理者之间的冲突。又如，保险业历来以推销为手段，通过长期的推销实践已形成了特定的营销方法，而银行业则习惯于等待上门的客户并习惯于对其做出评估，它们在客户关系处理上有着截然不同的风格。因此，即使银行增加了保险承销业务，许多客户也不会马上成为银行保险产品的客户。

4. 以银行改革为主导

金融控股公司的始作俑者是银行，无论是《格拉斯—斯蒂格尔法案》之前的金融控股公司的雏形——银行关联公司，还是 20 世纪 50 年代的银行控股公司，以及具有标志意义的花旗与旅行者的合并，都是由银行主导，而金融控股公司的监管也是由银行监管机构主导。可以说，银行的改革影响着金融控股公司的创设与走向。

5. 实行有限多元化

"有限"就是限定在金融领域，"多元"是指金融内的各个行业。起初，金融控股公司多是从银行起家，银行作为特许行业，其经营权利一直限定在金融领域，与非金融商业活动保持着隔离。1933 年的《银行法案》最为激进，不仅隔离银行业与商业，而且还禁止银行业与证券业的混合经营。1956 年的《银行控股公司法案》虽然允许银行通过设立控股公司从事一些非传统银行业务，但是这些业务仍限制在与银行业紧密相关的范围内。即使是被当作具有开拓性的金融管制的现代化标志的 GLBA，也通过限制金融控股公司的关联企业只能从事那些"本质上是金融"的活动，而未放弃限制金融与非金融混业的底线。

当然这种金融与非金融的隔离也有例外。如果是一家非金融企业变成一家金融控股公司，其可能至少保留其商业业务 10 年，并且还可能再延展 5 年，即有 15 年的时间进行非金融与金融的混业。但是，其主业必须从事金融业，年毛收入的 85% 以上必须来自金融业。

GLBA 允许金融控股公司从事任何"性质上属于金融业务、附属于一项金融业务、或作为一项金融业务的补充"的业务，并且多存款机构或金融体系的安全和稳健一般不会从事巨大风险的业务或者拥有从事以上业务的公司。财政部和美联储还可以决定哪些业务属于"性质上属于金融业务"。

2007 年美国爆发金融危机以来，金融控股公司自身的脆弱性、倒闭后对整个金融体系的冲击以及金融控股公司监管薄弱问题都引发了深刻思考。2010 年《金融监管改革法》通过，在诸多改革中特别强调了对大型金融机构特别是金融控股公司的监管改革——比如，实施"沃尔克规则"。总体来说"沃尔克规则"是对混业经营的一种纠正。其最主要的内容就是将商业银行和投资银行的业务重新进行分离，同时要求银行对私募基金和对冲基金的投资额不能超过基金总资产的 3% 以及银行自身核心资本的 3%，以此限制银行利用自有资本进行自营交易；同时对银行规模也进行了限制，要求银行进行重组并购时，收购后的关联负债不得超过所有金融机构负债的 10%。"沃尔克规则"

引入了对银行投资对冲基金和私募基金、从事自营交易以及负债规模的限制，目的是为了有效隔离银行与自营交易中的风险，是对《格拉斯－斯蒂格尔法案》的部分恢复，对过度混业经营的纠正。可见，此次监管改革法案表明，商业银行和投资银行在其商业盈利模式、资金来源、风险承担、文化方面有着本质的区别。金融危机暴露出混业经营模式的两个突出问题：一是在存款保险体制下，银行可用低成本的存款作为高风险、高杠杆投资银行业务的资金来源，相当于存款保险为投资银行业务提供了补贴，有道德风险；二是一旦投资银行业务出问题危及了存款、汇款、支付清算等基础性商业银行业务，可能动摇金融体系基础。当然，值得指出的是，《金融改革法》并未全面禁止这些业务，而且设置了相当长的宽限期，是对《金融服务现代化法案》的调整，旨在重塑金融防火墙，而并非向金融分业的全面回归。

（三）经营型金融控股公司：以英国为例

经营型金融控股模式主要存在于英国、澳大利亚、加拿大等英联邦国家，即所谓"多个法人、多块牌照、多种业务"。母公司本身经营自己的业务，如银行、保险或证券，下设子公司开展其他金融业务，如银行设立子公司开展保险、证券等业务，保险公司设立子公司开展银行、证券等业务。母公司和子公司之间有防火墙。

英国自 20 世纪 80 年代起放松了对某些金融领域的限制，旨在进一步开放市场，引入竞争，为消费者提供更多的选择，同时保持和强化英国金融业的竞争力。自此，英国传统的商业银行业务得以与建筑业协会、投资银行、保险业、证券业的业务互相交叉。英国的金融综合经营主要采取金融集团模式，即母公司既从事股权控制又从事实际业务经营，属于经营型金融控股公司。

二、金融控股公司的主要风险

一般认为，金融控股公司的经营优势体现在如下四个方面：一是"集团控股，联合经营"，即形成同一集团在品牌、经营战略、营销网络以及信息共享等方面的协同优势，从而降低集团整体的经营成本并从多元化经营中获取更多收益；二是"法人分业，规避风险"，即通过法人分业，能够有效隔离不同金融机构的风险传递；三是"财务并表，各负盈亏"，从而能避免因资本金的多次重复计算导致实际上过高的财务杠杆；四是"资本控股，信誉外溢"，即取得信誉外溢优势，便于低成本购并扩张。

当然，金融控股公司在带来巨大经营优势的同时，也可能产生巨大的经营风险。金融控股公司的风险主要包括两大类：外部性风险和内部性风险。

（一）外部性风险

1. 对原有监管体系的挑战

金融控股公司从事多行业业务，面对众多的监管机构，如何协调原有监管机构之间的职责以及建立新的监管机制应对金融控股公司带来的新的风险，成为各国监管部门共同的挑战。比如，资本不足风险。在金融控股公司体制下，为了实现整体利益最大化，同一资本可能在母子公司之间被重复利用，这就会导致财务杠杆比率过高，从而影响到整个金融控股公司的安全。特别是母公司和下属公司之间复杂的互相持股，导致资本重复计算，容易掩盖金融控股公司资本不足的真实状况，削弱金融控股公司的抗风险能力。

另外，监管体系不健全，各监管机构之间缺乏协调，还可能会带来监管套利风险。提供相似产品的不同金融机构因受到不同监管者的监管，规则、标准和执法实践上的不一致，导致金融机构尝试改变其类属，以便将自己置于监管标准最宽松或者监管手段最平和的监管机构的管辖之下。此外，金融控股公司通过内部业务转换从而全部或部分地规避金融管制，谋取额外收益，也是监管套利风险的重要表现。

2. 对公平竞争原则的破坏

金融控股公司作为大型金融机构，可能具有过强的市场势力，破坏市场的公平竞争原则。同时，伴随着强大的经济实力而来的，有可能是金融控股公司政治实力的增强，这会使它们有可能免受审慎性监管或消费者保护方面的监管，或使政策决策偏向于他们，加剧不公平竞争。

另外，金融控股公司过强的市场势力有可能导致"大而不能倒"的道德风险。金融控股公司一般通过出资设立子公司或者通过并购等形式拥有子公司控制权，其形成方式和发展状态决定了金融控股公司的规模一般较大，或者涉及的面较广，一旦出现财务危机，对整个社会和经济的影响较大，监管当局对其救助的可能性便更大。因此，不论是金融控股公司，还是金融控股公司的服务对象、交易对象，都容易产生太大而不能倒的心理预期，引发道德风险。

3. 潜在的利益冲突以及对客户信息和隐私的侵害

当金融控股公司作为一个整体的激励机制与客户和公众的最佳利益不相协调时，就产生了利益冲突问题。另外，金融控股公司在进行交叉营销和销售时可能会侵害客户隐私。

（二）内部性风险

金融控股公司的内部风险，主要是指其内部存在着复杂的控股关系和关联交易与风险传递。金融控股公司的内部关联交易，既可产生于集团成员之间的贷款、投资、担保、承诺和转移定价，也可产生于集团成员之间共享品牌与标识、集团统一的"后台"服务和管理以及集团成员流动性的集中统一管理。由于集团内企业之间关联交易的存在，控股公司内一个企业的经营困难或危机可能会引起连锁反应，给集团内其他企业带来严重风险甚至危机，甚至造成银行业危机或金融危机。

三、国外对金融控股公司的监管模式与监管重点

金融控股公司外部风险和内部风险，必须借助于有效的市场制度、内控机制和外部监管加以防范。在健全市场制度方面，美、欧、日等地均借助于反垄断和公平竞争的基本民商法律，对包括金融控股公司在内的大型"市场势力"做出限制。在内控机制建立方面，上述国家和一些国际组织均颁布了金融集团的内控制度指引。以下主要探讨对金融控股公司的监管模式以及监管部门的主要关注点。

（一）监管主体、框架、协调机制及其变革

随着金融控股公司以及混业经营的发展，各国的金融监管体制在发生着相应的变革。其中，典型的监管框架包括以美国为代表的伞形监管框架和以英国与日本为代表的统一监管框架。相应地，全球金融控股公司的发展趋势主要存在两个"风向标"，即美国的监管模式和英国的监管模式。金融危机后，两种模式都面临挑战，相应的金融监管改革强化了监管规则和标准，弥补监管漏洞。

1. 美国伞形监管及其改革

美国的伞形监管模式构筑了以中央银行为核心，各专业监管机构

联合协作的监管框架，在混业经营条件下有效缓解了原有监管体系中的"监管真空"问题，确保了监管当局对整体风险的控制力。与统一监管模式相比，伞形监管兼具统一监管和分业监管的双重特征，是在分业监管基础上发展出来的适应金融控股公司发展需要的"中间模式"。具体来说，该模式以功能性监管超越传统的机构性监管，同时以伞形监管实现一定程度上的综合监管。

第一，以功能性监管超越机构性监管。《金融服务现代化法案》创造了"功能性"监管的概念，其所对应的是"机构性"监管。也就是说，如果某项被执行的功能与证券销售有关，那么即使这项功能是由一家银行或保险公司而非证券公司的机构所为，其监管由证券交易委员会（SEC）负责，而不是由银行监管机构或保险监管机构负责。功能性监管的好处是公平性和监管的专业性，只有当同样的功能是以同样的标准和方式进行监管，而不论何种金融机构实施该功能时，才称得上公平。功能性监管还可以减少"监管套利"（regulatory arbitrage）行为，即人为地将某一业务放到某一特定机构中经营，以避开某个其不喜欢的监管者的做法。

第二，以伞形监管实现综合性监管。对金融控股公司来说，仅有机构性监管和功能性监管是不够的，GLBA 认为综合性监管仍属必要。即使一家机构可能被多个不同的功能性监管者监管，而监管金融控股公司的功能性监管者可能更多，所以有一个能够控制大局的监管者仍是十分重要。因此，美联储获得了金融控股公司伞形监管者（umbrella supervisor）的地位。

美联储的伞形监管包括以下两个方面。

第一个方面：入门认证监管。金融控股公司必须向美联储提出申请才能获得认证。通过认证的条件主要是金融控股公司的所有附属存款机构必须资本充足，管理良好，并且其《社区再投资法案》评级（CRA 评级）必须在满意级别或以上。

第二个方面：维持认证监管。美联储要求金融控股公司提供报告，对其进行检查。如果已获得认证的金融控股公司没能保持住资本充足或管理良好的评级，美联储将对该机构采取矫正性措施。如果该机构不能改正其缺陷，美联储可以命令其将任何不合规的附属机构予以出售。如果金融控股公司没能符合 CRA 评级的要求，将被禁止开始从事任何"性质上属于金融业务"的新业务。

总体上看，美国对金融控股公司的监管模式发生了转变，但其基本监管格局并没有根本上的改变。GLBA 虽然推出了功能监管的监管模式，但是并未削弱机构监管的职能，原有的诸多监管机构并没有消失。其优势在于保持了金融监管的稳定，其不足在于可能在一定程度上影响金融机构的效率。而作为伞形监管者的美联储对金融控股公司的认证管理，实质上主要是股东资格管理，仍属于传统的监管手段。

特别值得指出的是，司法判决在美国金融控股公司发展中发挥了重要的作用。在金融控股的发展历程中，产生过无数争议，既有各个监管者之间的争议，也有金融领域不同行业之间的争议，还有客户与金融机构之间的争议，以及受金融机构业务拓展影响的企业与金融机构之间的争议等等。这些争议存在一个法律体系繁杂、业务界限不甚清晰的环境下，需要有一个超脱的、能够平衡各方面关系的裁判员作出裁决，美国的各级法院起到了这样一个作用。

综上所述，美国的金融控股公司监管模式取得了很大的成效，对其他国家与地区的影响也很大，但已有的监管模式也存在一定的问题。

问题一在于金融创新及其带来的可能监管盲区。创新性金融产品并不是总能很容易地归入某一个功能分类之中，因此功能性监管有时会出现盲区。

问题二在于各监管机构之间的冲突带来的监管成本及其对效率的不利影响。伞形监管模式的效率高度依赖于彼此分工的专业监管机构之间的有效合作。但在实际中，美联储的权力一定程度上受到专业监管者的牵制，这一方面有利于监管者之间的监督和力量制衡，另一方面也造成了不同监管者之间的摩擦和竞争，因而很难达到理想状态下的监管协作效率，重复监管、过度监管以及由此引发的监管成本负担等问题在所难免。机构性监管并未因《金融服务现代化法案》而消失，银行仍然由一家或多家银行监管者授予特许状或检查，而其证券业务和保险业务则由其他功能性监管者监管，再加上美联储的伞状监管者，各监管者之间冲突的可能性很大。因此，伞形监管体制过于复杂，部门过于庞杂，重复监管与部门博弈不仅给金融机构造成过多的负担，而且也导致监管效率下降，拖延金融改革与创新的进程。当然，从美国金融监管各部门也试图在现行体制下，通过对信息收集的统一、共享，提升监管机构之间的信息沟通。

上述监管体制在 2007 年的金融危机中也出现了一些问题。2010年《金融监管改革法》进一步完善金融监管体制。比如，重组银行监管机构，将储蓄机构监理署合并到货币监理署中，其部分职能转移到美联储和联邦存款保险公司；由美联储负责监管银行控股公司和部分州注册银行，货币监理署监管联邦注册银行，而联邦存款保险公司负责监管州注册银行。这是一项很重要的改革。在此之前都是美联储和美国货币监理署负责监管联邦注册银行的，现在则减少了它们对各州注册银行的监管权。因此，美联储负责监管银行控股公司。对美联储监管权限进行规定，在扩大美联储监管范围的同时也要求其增加透明度。国会审计办公室要对美联储自金融危机以来发放的紧急救援贷款和其他行动进行一次性审计。同时，国会审计办公室还拥有将来对美联储的紧急贷款、贴现窗口放款和公开市场操作进行审计的权力，对美联储发放紧急贷款的权力加以限制，要求紧急贷款的发放必须是出于系统性考虑，禁止利用紧急贷款对个别企业提供救助。

2. 英国统一监管及其改革

2008年金融危机前，英国对金融控股公司实行统一监管，即由英国金融服务管理局（FSA）对金融控股公司实施"一元监管方式"。英国金融服务管理局成立于1997年，作为独立的非政府组织，成为英国金融市场统一的监管机构，向英国财政部负责。2000年英国皇室批准了《2000年金融服务与市场法案》，法案将证券和期货监管局、投资管理监督组织、私人投资监管局等8家机构所承担的金融监管职责移交给金融服务管理局，由金融服务管理局全面行使对商业银行、投资银行、证券、期货、保险等9个金融行业的监管职能。新的金融服务管理局于2001年开始承担监管职责。英国金融监管体制由此形成财政部、英格兰银行和金融服务管理局三足鼎立的局面，也称为"三方监管体制"。其中，英格兰银行对金融机构没有直接监管权，主要负责制定货币政策，保证金融系统的宏观稳定。财政部则主要负责金融服务立法。FSA拥有最广泛的直接监管权。

与美国的伞形监管相比，英国的统一监管模式率先实践了从以规范不同类型的金融机构的传统型分业监管模式向以规范不同金融交易行为的功能型统一监管模式转型。该模式直接针对混业经营条件下金融机构业务和组织结构的复杂性，通过监管一体化增强对市场的敏感度，降低监管成本，减少多个监管者并存所带来的各种摩擦性内耗。尤其是对于分业监管的主要弊端，即实践中监管当局难以将监管对象和其他集团成员有效隔离导致不完整的透明度和自主权要求，统一监管模式具有显著的优越性。

当然，英国的统一监管模式发展也不成熟，尚需在实践中进一步完善。但从长期的角度而言，英国统一监管模式具有相当的吸引力。因此，统一监管模式在英国的实践逐渐被西方主要发达国家会议（G8）以及欧盟（EU）所认可和接受。包括日本、德国和澳大利亚在内的许多国家已经实施和正在实施类似的监管体系。

但英国以 FSA 为核心的统一监管模式在 2008 年的金融危机中遭到很大的挑战。2008 年金融危机在美国爆发并迅速蔓延至世界大部分发达国家，英国也不例外。在此次金融危机中，英国的"三方监管体制"并未发挥应有的作用，FSA 并未承担起防范金融系统性风险的功能，金融系统受到巨大冲击。2009 年，英国政府开始了新一轮的金融改革。

首先是英国议会于 2009 年 2 月通过了《2009 年银行法》，明确了英格兰银行作为中央银行在金融稳定中的法定职责和所处的核心地位，并赋予其相关的金融稳定政策工具和权限。其次，2010 年 7 月，英国财政部发布了《金融监管的新方法：判断、焦点和稳定性》。该咨询报告反思了英国现行金融监管体制的弊端，认为 FSA 作为英国统一的金融监管机构在金融系统性风险识别上具有滞后性，并且其监管权过于集中，分散了英格兰银行、英国财政部在金融监管方面的职能。再次，2011 年 6 月，英国财政部发布了题为《新的金融监管措施：改革蓝图》的白皮书，该文件成为英国金融监管体制改革的指南针。最后，2013 年 4 月 1 日，《2012 金融服务法》正式生效，白皮书的内容基本被采纳，即在英格兰银行理事会内部设立金融政策委员会（FPC）负责宏观审慎监管，专注于识别、监测和管理系统性风险，以帮助英格兰银行实现保护和强化金融系统稳定性的目标，同时支持政府实现经济增长、增加就业等经济目标；FSA 更名为金融行为监管局

（FCA）。该局作为一个独立机构直接对英国财政部和议会负责，以保证金融市场良好运行、金融消费者获得公平待遇为目标，其目标为金融消费者保护、诚信度和竞争性；设立隶属于英格兰银行的审慎监管局（PRA），负责微观审慎监管，对商业银行、投资银行、建筑业协会和保险公司等金融机构的稳健运营进行审慎监管。

可见，英国金融监管体制由统一的金融服务局分立为两个专门的金融监管机构——金融行为监管局和审慎管理局，其中审慎管理局并入了英格兰银行，专门负责金融微观审慎监管；金融行为管理局承担了金融服务局维护金融市场稳定运行的职责。英国金融监管体制改革的特点体现在以下几个方面。

第一，进一步强化英格兰银行的审慎监管职能。《2009 年银行法》和《2012 金融服务法案》一方面明确了英格兰银行作为中央银行在金融稳定中的核心地位，成立金融政策委员会，负责金融宏观审慎监管；另一方面，将金融服务局的监管职能进行拆分，将微观审慎监管职能转移给英格兰银行下设的审慎监管局，负责对系统重要性机构的微观审慎监管。至此，英格兰银行作为中央银行承担了宏观审慎监管和微观审慎监管的两项重要职能，成为名副其实的中央银行。

第二，理顺了各监管机构的职责。审慎监管局和金融行为管理局是金融监管体系的微观监管者，分别负责对系统重要性机构的微观审慎监管和对所有金融机构的行为监管及其非系统重要性机构的微观审慎监管。金融政策委员会是金融监管体系的宏观审慎监管者，负责制定宏观的监管政策，识别、监控并采取措施消除或减少系统性风险。FPC 对单个企业的具体监管没有发言权，但可以在 PRA 和 FCA 之间扮演仲裁员的角色；FPC 可向两家微观监管机构发出有约束力的指示，后者也可向 FPC 提出宏观审慎监管的建议。

第三，仍然坚持坚持功能型监管体制。英国的金融监管体制自金融服务局成立以来就是功能型监管体制。金融危机以来，英国不断改进金融监管体制，拆分了金融服务局，但仍没有放弃功能型监管的体制，体现出功能型监管的强大生命力。新成立的审慎监管局负责系统重要性机构的微观审慎监管职能，其监管的系统重要性金融机构包括银行、保险公司及大型投资公司，基本涵盖了所有的金融部门。同样，金融行为监管局的监管对象也是对英国境内的所有的金融机构实施监管，并对没有被审慎监管局监管的机构进行微观审慎监管。这种监管模式将监管视野拓展到了整个金融行业，其监管政策和监管手段将更有全局效果。

值得指出的是，尽管美英为代表的监管模式存在不小的差异，但它们对金融控股公司的监管都围绕着风险管理这个核心，强调审慎监管原则，并根据现实需要对不同的机构实行"量体裁衣"。同时，一个国家对于金融控股公司的监管体制变革受到特定时期的社会、经济、政治等条件的影响，并且可能在既有监管模式基础上形成一定程度的"路径依赖"。这些既定因素的存在实际上构成了监管体制变迁的"限制条件"，从而使不同国家的金融监管制度变迁可能面临不同的均衡点和均衡路径，相应的改革收益和成本支出也会有所不同。

另外，英美两国金融危机后金融监管改革的实践也表明，简单化的分业监管和统一监管都不可能"一劳永逸"地解决所有问题，有效的协调与合作机制是保持监管体系有效性和竞争力的难点和重点。分业监管与统一监管孰是孰非不能简单而论。近半个世纪以来，伴随着世界金融市场的快速发展，围绕金融监管理念、架构和系统建设一直存在理论争议和不同的实践探索。过去几十年，面对混业经营和金融市场全球一体化的现实压力，各个国家不断改革既有监管体制。以美国为例，1929年危机中银行资金参与股市投机，引发了《格拉斯—斯蒂格尔法》分拆了商业银行和投资银行，而90年代末期克林顿政府又废止了该法令，促进了大规模的混业经营和金融市场的迅速繁荣，此次金融改革中要求恢复该法的声音从未停止；而英国在80年代"金融大爆炸"后建立彻底的"大一统"式的监管架构，但在此次金融危机后，对这一模式的有效性又出现质疑，以至于英国决定再次变革其监管体系，分拆庞大的金融监管局。这些不断出现的"否定之否定"式的摇摆说明了分业监管与统一监管孰是孰非不能简单而论，在金融市场逐步复杂化、混业经营成为趋势的背景下，简单地希冀通过建立"统一监管"来解决所有问题的想法并不现实，而且，在以往的大一统的监管体系的实践中，对于防范系统风险至为重要的监管协调也并不理想。另外，此次美国金融改革中建立的金融稳定监督委员会，以及英国新成立FPC，在PRA和FCA之间扮演仲裁员的角色，这些都是基于过去几十年实践和此次金融危机教训的一次强化金融协调机制的有益的尝试。

（二）监管重点

1. 对资本充足率的监管

如美联储对金融控股公司采取资本并表的方法，考核要求与《巴塞尔协议》的资本充足率标准一致。另外，美联储对金融控股公司的资本约束范围，是根据并表后总资产规模大小来决定。并表后总资产大于1.5亿美元的金融控股公司，要从整个公司层面进行资本约束；并表后总资产小于1.5亿美元的金融控股公司，仅从银行类子公司层面进行资本约束。

2. 对投资方向和比例的控制

美国GLBA规定，金融控股公司对非金融类企业的投资，比例限制在资本总额的5%以内；投资期限一般不得超过10年；金融控股公司对单一金融类企业的投资，一般不超过金融控股公司一级资本的30%。

3. 保护客户隐私以及限制联营机构间的信息共享

组建金融控股公司的动机之一就是交叉营销同一集团内各关联公司的产品，然而这种交叉销售有可能会侵犯客户隐私。因此，多国有关金融控股公司的立法对客户隐私保进行保护。

比如，美国 GLBA 的第五编中专门规定了保护金融机构客户隐私的各项措施，包括：①每个金融机构都有积极且持续性的义务尊重其客户的隐私并保护客户非公开个人信息的安全和保密性；②除非被新法律授权，每一家将非公开个人信息提供给非关联机构都必须制定一书面的隐私政策并公布之；③除了若干例外情况，必须建立退出机制以保证自然人客户可以拒绝将信息提供给非关联机构；④禁止向电话推销商和其他非关联的第三方提供客户的账号和密码，除非该机构是信用报告机构；⑤禁止通过虚假或欺诈性方法获得个人财务信息而借口打电话或客户身份进行盗窃的行为。

当然，上述规定并不适用于金融控股公司辖下的各关联公司之间的信息共享行为。但是，美国有几个州制定了比 GLBA 更严格的标准，比如规定金融机构必须为客户提供机会，可以"选择退出"关联机构之间的信息共享。因此，对金融控股公司而言，制订隐私政策不仅要了解 GLBA 第五编的相关规定，还要了解各金融监管者就它们对 GL-BA 的隐私政策的执行而各自发布的规章。此外，还要遵循 1970 年《公平信贷报告》（Fair Credit Reporting Act，FCRA）、2003 年《公平和准确信贷交易法案》（Fair and Accurate Credit Transaction Act，FACT）等法律规定。如《公平和准确信贷交易法案》规定：如果一个人同其关联机构共享了若干消费者的信息，该关联机构不得使用该信息向该消费者做出或发出与其产品或服务有关的招揽，除非该消费者已经获得通知，并且有合理的机会可以选择不同意该信息的使用，并且该消费者没有做出否定选择。需注意的是，该法案并未禁止关联机构之间的信息共享，而是限制共享后的信息使用。

4. 对关联交易与风险传导的监管

GLBA 通过设立"防火墙"来避免金融控股公司内部的风险传染。主要内容包括：在金融控股公司内部，银行子公司向非银行子公司的贷款总额不得超过银行子公司资本的20%，对单个非银行子公司的贷款不得超过银行子公司资本的10%，并设置必要的抵押或担保。银行子公司不能对非银行子公司提供证券发行的担保；对非银行子公司发行的证券要限制银行子公司的购买；限制银行子公司对非银行子公司提供资金支持，包括通过第三方完成；银行子公司对非银行子公司的资产的购买比例不能超过非银行子公司资产的10%。通过这些限制性措施，防止金融控股公司内部非银行机构的风险向银行机构转移扩散。

四、对中国金融控股公司发展与监管的启示

金融控股公司发展模式及其监管的国际经验可以为我国金融控股公司的发展与监管提供以下四点启示。

1. 选择合适的金融控股公司发展模式

要借鉴国际经验，在风险可控的前提下，鼓励金融机构根据自身优势和特点选择合适的发展模式。如上所述，由于各国金融体制的差异以及改革初始条件的差异，金融控股公司发展的路径和模式也存在一定的差异。金融控股公司发展模式的形成，与一国法律制度、公司文化等背景密切相关，国际上金融控股公司的不同发展模式及其逻辑可为我国金融业开展综合经营提供借鉴。

2. 加快金融控股公司的相关立法

目前综合化经营已经形成一定规模、出现了许多新的业态，迫切需要有法可依和依法监管。在现行不同金融机构分别立法的框架下，金融控股公司的监管实际涉及众多的法律调整。《人民银行法》《银行业监督法》《商业银行法》《证券法》《保险法》这些法律，既与金融控股公司有关，但又都不能完全适用金融控股公司的监管。因此。应借鉴相关的国际经验，及时研究、制定金融控股公司的监管规则。要加快金融控股公司立法进程，明确对金融控股公司和交叉性金融业务的监管职责和规则，还要加快相关配套法律法规的修订，增强法规的系统性。

3. 完善金融控股公司的监管体制

金融控股公司的监管问题，直接引发了新监管体制的适应性问题，对新监管体制是一个直接的挑战。在现行的监管体制下，人民银行以及"监管三会"如何建立起既有统一监管、又有分工协作的监管体制，仍有待进一步探讨。

金融危机后，各国对监管体制进行了相应的调整，审慎监管与行为监管分离开来，监管部门协调得以加强，中央银行重新获得金融机构监管权，其宏观审慎监管作用进一步增强。这些监管体制的变化及其背后的逻辑值得关注与借鉴。

4. 审慎监管金融控股公司的风险

借鉴国际金融监管部门对于金融控股公司的监管重点的确定依据，通过对资本充足率的监管、对投资方向和比例的控制、保护客户隐私、限制联营机构间的信息共享，以及通过设立"防火墙"来避免金融控股公司内部的风险传染等方式，加强系统性风险的宏观审慎监管。

执笔人：朱俊生

关于互联网金融风险的思考与建议

近年来，在互联网金融迅猛发展的同时，也出现一些乱象。一些机构"野蛮生长"①，行业内鱼龙混杂，跑路、倒闭、停止兑付等风波频发，且涉及金额和人群数量庞大。例如，出问题的 P2P 平台仅 2015 年 1 ~ 11 月就有 790 家，问题平台的行业占比高达 30%；再如，昆明泛亚有色金属交易所出现 400 余亿元资金黑洞，涉及投资者 22 万人，"e 租宝"涉及近 700 亿元资金等等。而一旦互联网金融平台风险暴露，往往引发群体性事件，造成巨大的社会影响。互联网金融的乱象和高风险，扰乱了金融秩序，带来了新的不稳定因素，需要尽快出手治理。

一、互联网金融活动监管缺失，道德风险巨大

可以肯定地说，互联网金融在中国的热度超过其他任何一个国

---

① 根据网贷之家数据，截至 2015 年 11 月底已设立 P2P 平台 3739 家，其中 2015 年 1 ~ 11 月就新增 1827 家。2014 年成交额为 3291.94 亿元，是 2013 年的 3.68 倍、2012 年的 14.4 倍。2015 年 1 ~ 11 月交易量为 10329 亿元，同比增长 267%。

家。造成这种状况的原因大致有如下几点。

一是实体经济有着大量真实融资需求，而长期受到严格管制的正规金融体系又不能提供足够的资金供给，导致大量企业特别是中小微企业求贷无门。互联网金融以其快捷便利的方式，为这类资金需求者开辟了新型融资渠道，自然受到欢迎。

二是与地方政府发展金融的偏好相契合。近年来，地方政府出于促进本地经济发展的需要，对具有积聚资金功能的金融业格外重视，纷纷出台优惠政策吸引金融机构进驻，对于网络借贷、资产交易平台等新型金融业态也采取了积极支持的态度，不少网络交易平台得到了地方政府支持。例如，某市专门为一个资产交易平台成立领导小组，由副市长担任组长，并为之专门制订了管理办法。

三是相对于民众强烈的投资理财愿望，正规金融体系提供的投资渠道比较狭窄，网络平台的高收益成为吸引投资者的最重要原因。但另一方面，多数投资者又缺少风险意识和风险识别能力，往往盲目相信营销人员的宣传和保证。而对于这些新兴业态，监管部门缺少经验，监管体制存在明显漏洞，致使行业发展过热的势头未能得到遏制，道德风险不断放大。

从互联网金融的经营者结构看，目前大体可分为三种类型。第一类是稳健经营者，运作规范审慎，具有较强的管理技术和风控能力，通俗地说是"既想干又会干"。第二类是盲从者，借互联网金融热潮进入该领域，却缺少相应的专业知识和风控能力，只想挣"快钱"，对困难和风险估计不足，属于"想干却不会干"类型。这类经营者往往缺少耐心和自我约束能力，很容易造成经营不善，倒闭、跑路的P2P平台大多属于此类。第三类纯属骗子，目标就是骗钱。这类机构可能数量不多，但因处心积虑，欺骗性更大，也更容易产生恶劣影响。

治理行业乱象的目标，是规范和保护第一类、抑制和淘汰第二类、严厉打击第三类。

二、有关问题分析

十部委联合发布的《关于促进互联网金融健康发展的指导意见》明确提出要对互联网金融进行规范，学术界和媒体对这个问题也早有讨论。但时至今日在实施细则上仍存在很大争议，分歧主要表现在以下几个方面。

第一，对互联网金融活动究竟是"严管"（按照正规金融机构的监管模式进行微观审慎监管）还是"宽管"。以 P2P 为例，主张严管的人认为，既然网络借贷的本质是金融业务，就应该和银行一样监管，否则就对银行不公平。还有人以美国、英国等国家为例，认为应该参照国外做法监管互联网金融活动。反对者则认为，互联网金融业务与传统金融业务在经营模式、风控方式等方面都存在很大差异，互联网金融的商业模式也具有一定的科学性。如果简单按照传统金融的方式进行监管，很容易对这个新兴行业带来毁灭性打击。如美国将 P2P 行业作为证券投资基金进行管理，结果绝大多数机构因此而倒闭。

第二，互联网金融活动由谁来监管。有人认为，按照"谁的孩子谁抱走"的原则，互联网金融活动应该是谁审批谁监管。由于没有采用牌照方式管理，现有大量互联网金融平台都是在地方注册的，因此应该由地方政府监管。而反对者认为，应当将互联网金融的监管权上交至中央政府，因为金融活动是不分地域的。

第三，对网络平台应当如何定性。一方认为，网络平台只能是信息平台而不能是信用平台，也不应允许网络平台进行跨业销售。另一方则认为，这种限制意味着堵住了网络平台综合化发展空间，不仅抑制了网络平台发挥优势，而且在正规金融机构都已经实现综合经营的今天，也是一种不公平的表现。

首先，笔者认为，一方面应该看到，这些活跃于正规金融体系之外的服务平台在一定程度上纾解了小微企业和个人的融资困难，为其提供了远低于传统民间借贷成本的资金，也为民众提供了多样化的投资渠道，这事实上是一种金融服务效率的改进。除了扩大了金融服务范围、使金融服务方式更加灵活便捷之外，互联网金融还创新了征信、评级以及风控方式。因此，即便互联网金融活动存在一些问题，仍然需要肯定互联网金融的正面作用。在中国这样一个金融供给严重不足的国家，特别在当前经济下行压力较大、银行普遍惜贷的情况下，若对互联网金融行业简单粗暴地一味打击，将对实体经济产生负面影响。但是另一方面，也不能放任互联网金融继续"野蛮生长"、无序发展，因为金融市场是一个具有杠杆效应和外溢效应的特殊市场，为了保护投融资双方的合法权益，需要对金融活动进行专业化监管。

其次，互联网金融监管须符合互联网金融活动的特点。例如，应采用较低的资本门槛，较高的责任和技术门槛；再如，鉴于互联网金融平台所具有的范围经济优势，应允许其跨业经营，但必须推行牌照管理。也就是说，网络平台可以发售银行理财、券商资管、基金、保险、信托等产品，但是必须遵守相关监管部门的规定，取得相应的牌照，并接受有关监管部门的监管。其实，互联网金融平台是最适宜推进金融监管由机构监管转型为功能监管的（因为是新业态，没有历史纠葛和部门利益冲突），不应错过当前的时机。

最后，应转变思想认识，"谁的孩子谁抱走"方式不仅无法解决风险问题，甚至可能导致监管缺失或事态失控，酿成区域性金融风险和社会风险。监管部门如果继续坚持"守土有责"的规则，只求自己的"一亩三分地"内不发生金融风险，其结果只能是"一管就死、一放就乱"。特别是在"谁的孩子谁抱走"的既定方针下，中央政府将地方金融活动的监管职责交给了地方政府。而后者不仅在监管知识、监管人才和监管经验等方面均严重欠缺，而且还存在着很大的利益冲突。从地方政府角度来看，放手发展各类金融活动是最优选择，因为可以吸引资源，促进地方经济发展。至于风险，一是其暴露可能在几年之后，二是作为中央集权国家，中央政府不会放任风险蔓延，更不可能出现地方政府破产的情况。

对于中央政府来说，接收地方金融监管职责也存在问题：一方面监管能力受到现行编制、经费、人才等因素的限制；另一方面贸然接手有可能产生为现有互联网金融平台背书的结果。

鉴于上述矛盾，笔者认为：①金融监管应当全覆盖，金融监管的主体应是中央政府，过度授权的结果必然是制度设计五花八门，执行力度参差不齐，带来更多的制度套利风险；②特殊金融活动（如小贷公司、私募基金、微贷等）可以豁免监管或采取分级监管，对于豁免或分级监管的金融活动，中央政府应进行顶层制度设计，藉以减少地方政府职责之间的利益冲突。

三、关于规范互联网金融活动的若干建议

从已经暴露出来的涉嫌非法集资或欺诈的案件来看，大多具有类似的行为模式。一是平台无真实第三方资金托管，投资人的资金被平台内部人操纵。二是信息高度不透明，交易产品真实度低甚至是虚拟产品，销售人员夸大产品收益和安全性，宣称无风险或打着"政府支

持"的旗号忽悠投资者。三是在全国各地大肆铺设代销网络，"八爪鱼式"快速吸收资金。四是以"高大上"的口号骗取社会信任，不惜巨资打造名声。例如，泛亚宣称要建设"全球最具规模的稀有金属现货投资及贸易平台"；再如 e 租宝母公司钰诚集团号称要做"受尊重的世界 500 强企业"①，并登陆央视黄金广告时段，赞助多个卫视节目，投放地铁、公交等大客流量交通工具广告。五是利益引诱，如以不合理的高薪招聘有招揽社会资源（包括资金、知名专家学者、高级别官员等）能力的员工，吸引一些官方机构与之合作，拉来知名人士为其站台等。这些操作手法颇具欺骗性，并在一定程度上绑架了政府和媒体。此外，当前一个突出问题是各类机构"满天飞"，居民社区附近、街道上随处可见冠以"金融"名号的门店，有的甚至模仿正规金融机构的商标，具有很大的欺骗性。

针对以上问题，笔者有如下七点建议。

1. 尽快出台相关监管细则

如前所述，金融市场是一个敏感的特殊市场，有很强的外部性，需要中央政府层面的统一的、专业化监管。不能以金融创新为名，放纵地方金融盲目发展，也不能为了减少中央政府的监管压力，让地方政府监管和承担全部风险责任。为此，《关于促进互联网金融健康发展的指导意见》提出的一些重要思想，如建立客户资金第三方存管机制、建立信息披露和风险提示机制、加强防范洗钱和金融犯罪等，需要尽快落实。在具体方式上，可将部分制度起草工作授权给互联网金融协会承担，并通过公开征求意见的方式给市场以明确预期，避免因规则的过于突兀而给市场带来冲击。

---

① 在警方介入调查的一周前，钰诚集团刚刚拿到"2015 最具责任感企业"奖。

2. 根据已暴露的问题，有针对性地规范互联网金融活动，堵住现有漏洞

建议明确规定，凡是未获金融监管部门批准的机构，在工商注册时一律不得在机构名称中加入"金融"字样。同时在制订规则时，要强化对资金托管和透明度的要求，明确在宣传产品时必须充分揭示风险，并将扩张过快、在媒体过度宣传的互联网金融平台作为重点监控和审查对象。

3. 对互联网金融平台采取差异化的监管和风控制度

建议将互联网金融平台分为纯信息中介和有限信用中介两类，并明确两者的差别。对于前者，需明确禁止事项和行为规范，如在工商局注册后须在互联网金融协会报备，定期向监管部门提供交易信息等；对于后者，设立时须报批，并建立包括资本金要求、流动性要求、发起人和高管资质要求等在内的监管制度（但须有别于传统金融机构，例如更加强化专业技术要求和风险责任）。

4. 加强跨部门协调

由于互联网金融平台具有数量大、分布散、大量利用互联网的特点，前期快速发展过程中又只进行了工商注册。建议建立工商部门、电信部门与金融监管部门的信息沟通机制。并建立包括公安、检察、中央和地方金融监管部门等相关部门在内的危机处置机制，以及时应对突发事件。

5. 强化对正规金融机构的行为监督

在互联网金融平台乱象丛生的背景下，不能忽略正规金融机构的作用。从泛亚案例看，银行并未真正行使第三方存管的职责，反而存在"助纣为虐"的嫌疑。据报道，某国有大行新疆分行销售的"泛亚理财产品"金额高达 70 亿元。另一方面，银行出于自身利益的需要，普遍利用各类互联网金融平台销售自己的理财产品。这种做法事实上起到了为平台增信的作用，也为平台提供了造假的机会。因此，应加强对正规金融机构与互联网金融平台签订合作协议等行为的监督，要求银行强化第三方存管责任，加强对业务合作方资质和能力的审核，并对合作情况进行跟踪监督。

6. 加大对非法集资的打击力度

鉴于非法集资和欺诈行为对互联网金融声誉的破坏力极大，严重影响社会稳定和投资人对政府的信任度，应进一步加大打击力度并强化行政、执法、司法部门之间的信息沟通。可借鉴一些地方成功的"地方金融相关监管部门联席会议制度"，鼓励地方和中央金融监管部门派出机构之间建立常态化的沟通机制，及时互通风险排查信息，促进政策协调。同时要强化金融机构的监督、报告义务。设立针对非法集资的银行账户资金异动（如短期内多渠道大量资金流入）监督报告制度，发挥好银行庞大网络的触角作用。

7. 加强投资者风险教育，提高其风险意识和识别能力

应尽快落实《关于促进互联网金融健康发展的指导意见》中有关投资者教育的规定，明确责任单位和具体实施办法。同时，应要求主流媒体在广告宣传中加大风险提示的力度，开设金融风险识别相关知识专门栏目等。

执笔人：张承惠

我国地方金融监管的现状、问题与对策

一、我国地方金融监管现状

（一）各省的金融监管职责和组织框架差异性较大

1. 地方金融监管分散于多个部门

绝大部分省份的地方金融机构、准金融机构及非金融机构的管理权限散落于多个部门。如一些地方的典当行的管理由经贸委或者商务部门负责；私募股权基金由证监会系统监管；小额贷款公司和融资性担保公司，政策由央行、银监会负责，具体操作由地方政府金融办负责（部分地区由工信厅负责）；非融资性担保公司、网络贷款公司等机构，目前没有明确的监管主体。

山东省政府于 2013 年 12 月制定出台了《关于建立健全地方金融监管体制的意见》（以下简称《意见》），并将分散于多个部门的监管职能集中于金融办。为避免与中央驻鲁金融监管部门职能交叉，《意见》明确指出，针对中央驻鲁金融监管部门法定监管范围之外的，吸收少数客户资金、限定业务范围、风险外溢性较小的新型金融组织和金融活动，包括辖区小额贷款公司、融资性担保公司、民间资本管理机构、民间融资登记服务机构等新型金融组织和权益类、大宗商品类（中远期）等具有金融属性的交易场所，以及融资租赁、典当、拍卖、股权投资、创业投资、农业保险等金融业务，在中央统一制定监管规则的前提下，地方承担相应的监管分工。地方政府要加强对民间借贷、新型农村合作金融组织的引导和规范，有效防范和打击金融欺诈、非法集资等各类违法违规行为，不断强化金融消费者保护职责。

2. 不同地方的金融办具体职责不尽相同

地方金融监管缺失国家层面的法律依据和授权，各个地方在相应权限内尝试和探索，导致各地的金融办具体职责不尽相同。绝大部分省市的金融办都拥有执行金融法律法规、协助金融监管、区域金融发展规划、统筹协调金融机构和统筹企业融资等职能。上海、辽宁和四川等地的金融办还有监管金融国资的职能。表4-1反映了不同地方金融办的职责差异。

表4-1　　　　　　　　各地金融办的不同职责

	执行金融法律法规	协助金融监管	区域金融发展规划	统筹协调金融机构	统筹企业融资	监管金融国资	金融人才引进管理	地方小额信贷监管
北京	√	√	√	√	√		√	√
广东	√	√	√	√	√		√	√
上海	√	√	√	√	√			
浙江	√	√	√	√	√		√	√
辽宁	√	√	√	√	√	√		
四川	√	√	√	√	√			
甘肃	√	√	√	√	√			
新疆	√	√	√	√	√			
江苏	√	√	√	√	√			
天津	√	√	√	√	√			√

续表

	执行金融法律法规	协助金融监管	区域金融发展规划	统筹协调金融机构	统筹企业融资	监管金融国资	金融人才引进管理	地方小额信贷监管
重庆	√	√	√	√	√			
陕西	√	√	√	√	√			
山东	√	√	√	√	√			√
广西	√	√	√	√	√			
宁夏	√	√	√	√	√			√

3. 不同地方的金融办的组织架构不同

在组织架构上，部分省建立了省、市、县三级地方金融监管体系，如山东省、江西省等，但大部分省市只有省市两级。山东省地方金融监管实行以本级政府管理为主、上级地方金融监管部门进行业务指导和监督的管理体制。市、县（市、区）地方金融监管部门主要负责人的任免，须事先征求上级地方金融监管部门意见。市县两级政府单独设置"金融工作办公室"，加挂"地方金融监督管理局"牌子。市、县（市、区）金融工作办公室在规定的机构限额内可列入同级政府工作部门；不能列入的，可作为同级政府直属事业单位由省政府授权负责地方金融监管工作。江西省也建立了省、市、县三级监管员制度，市级均成立了金融办，县级除了十几个县外均成立了金融办。

（二）地方金融监管资源有限

1. 相对庞大复杂的监管对象，地方金融监管部门缺乏必要的人员、技术知识和经费支持，资源相当有限

地方金融机构、准金融机构及非金融机构近些年来发展迅速。截至 2011 年底，全国融资担保公司达 8402 家，在保余额 1.9 万亿元，其中融资性担保 1.65 万亿元。截至 2013 年 6 月末，全国已开业小额贷款公司大 7086 家，实收资本 6252 亿元，贷款余额 7043 亿元。此外，互联网金融快速发展，各地 P2P、网络众筹等新兴金融业态快速发展。

在类金融机构迅速发展的背景下，地方金融监管力量显得严重不足，这既体现为监管人员严重不足，也体现为专业性监管人员缺乏。面对这么庞大、复杂的地方金融体系，各省的金融监管却由金融办、商务厅、工信部等部门中的少数人管理。省级金融办一般只有几十名人员，有些金融办还要负责地方政府融资等任务。这些专职人员，对金融的了解和理解较缺乏，缺乏专业知识储备和实际业务经验。商务厅、工信部从事金融管理的人员更少，甚至与其他行业的管理部门共用一个管理人员。以广州市金融监管人力资源为例，广州市金融办目前在编 41 人①，其中融资性担保机构监管处 5 人，真正负责融资担保公司监管的只有 1.5 人（其他人负责其他任务）。但广州市融资担保公司达 76 家，这导致金融办对融资担保公司每季度上报数据的工作都难以完成②。又如广州市金融办小额贷款机构监管处只有 3 人，而目前广州小贷公司已达 52 家。又比如在监管专业性方面，广州金融办有金融从业经验的监管人员也仅占 1/5 左右。

2. 地方金融监管资源主要集中在省市两级，县级资源极度缺乏，与地方金融机构的分布严重错配

"一行三会"中，除中国人民银行在县域有较为完整的机构设置

① 广州金融办于 2001 年成立，最初为发改委下设的一个处；2005 年升格为正局级单位，但仍挂靠发改委；2009 年成为独立部门；2013 年编制从 28 人增加至 41 人。大连市地方金融监管机构的编制相对比较多。

② 广州市金融办认为，这种情况的出现并不是因为金融办缺乏权威性，而是其他原因导致的，比如渠道不畅，比如融资担保市场低迷、一些担保公司已经没有正常运营。

外，"三会"在地市以下，特别是县级及以下区域出现了严重的监管真空。县一级银监办只有 1~2 人，证券业、保险业监管部门在市县两级没有设置机构，监管工作鞭长莫及，难以保证及时、有效。很多基层或低层级政府并没有专门的金融办，而是放在经委。而大多数村镇银行、小额贷款公司等地方中小金融机构都设在县、乡镇甚至行政村，金融监管部门根本无力监管，既无法有效防控风险，更严重制约了地方金融的创新发展。

3. 地方监管部门的行业监管手段严重不足

目前，最高层级为部门规章（最高可以罚 10 万元）、规范性文件（只能警告）。地方金融监管部门缺乏后续监管手段，不能实施行政处罚（比如吊销营业执照）。地方金融监管部门在监管实践中，也想采取"轻准入监管，重日常监管"，但由于严重缺乏监管手段，缺乏必要的执法权，导致只能采取较多的准入监管和行政监管。

（三）各省市金融办着力于建立小额贷款公司的风险防范系统

一是越来越多的省市建立了小额贷款公司的数据监测系统。由于缺乏必要的监管人员和监管技术，但又采取"谁的孩子谁抱走"的原则，越来越多的省市金融办开发了小额贷款公司的数据监测系统。这些监测系统，与小额贷款公司的业务系统相连接，在小贷公司开展业务的同时，将数据传输到金融办的监测系统上。这样，保证了金融办能实时监测到小贷公司的业务动态。但由于缺乏相关技术，这些数据监测系统并不能保证金融办可以超越小贷公司管理区域性风险。

二是部分省市建立小贷公司的流动性支持系统。2013 年，广州出台《广州小额再贷款公司业务试行办法》及《广州小额再贷款公司业务试行办法实施细则》。广州立根小额再贷款股份有限公司是广州市在全国率先创设的首家为小额贷款公司提供融资服务的企业，是广州市为促进小额贷款行业健康、规范发展，优化小额贷款公司外部环境，解决小额贷款公司融资难题，从而更好地为"三农"、中小微企业和个体工商户服务的重要举措。立根再贷款公司注册资本 10 亿元，经广州市金融办及相关管理部门批准设立，公司致力于打造面向小额贷款公司的综合性服务平台，为小额贷款公司提供全方面、多方位融资服务。

三是部分省市之间的金融办建立联席会议制。目前广州、北京等十多个省、市、自治区的金融办建立了联席会议制度，相互交流经验。

四是个别省市的金融办通过互联网金融等方式，将小贷公司连接起来。如江苏省金融办通过下设的江苏金农股份有限公司与国开行全资子公司合作，设立开鑫贷网络借贷公司。该公司以江苏省金融办的监管评级为依托，为较高评级的小贷公司提供担保服务。本质上是为符合监管要求的小贷公司提供了拓展业务空间的机会。

二、地方金融监管存在的主要问题

（一）地方经济金融发展、地方金融监管与地方金融风险救助之间的职责不完全一致

中央监管部门关注的是中长期国内金融市场稳定、防范系统性风险和区域性风险。而地方金融监管机构作为地方政府的组成部门，其职能除了防范金融风险、维护地方金融稳定之外，往往还包含了推动经济发展这一项。总体而言，地方金融办的职能，首要的是融资和招商，其次才是监管和化解风险。因此，目前全国大部分省市的金融办主要为地方发展融资，存在"重发展、轻监管"的现象。地方金融管

理部门还关注如何突破现有的金融体系约束，通过强化地方金融，加快金融机构积聚，尽可能拉动当地经济快速增长。一些欠发达省份和发达省份的欠发达地区，还存在通过行政干预来促进地方金融发展的现象。如一些地方的金融办或金融管理局制定社会融资和贷款任务，对地方金融机构（如农商行、农信社、村镇银行）进行考核排名，考核贷款增速，并对排名靠前的金融机构进行奖励。

尽管地方政府已在事实上广泛参与地方金融监管，但却面临着严重的金融监管与风险处置责任不对称问题。由于区域性金融风险与地方经济存在复杂的内在联系，地方政府承担主要风险处置责任有其合理性和必然性，有效性也已被实践所证明，但地方政府却不具有与之对称的金融监管职责。一方面，地方政府承担的部分金融监管职责"有形无实"，既没有明确的法律依据，也没有统一的监管职能部门，更缺乏规范科学的监管制度和标准；另一方面，地方政府并不拥有城商行、农信社等地方法人金融机构的监管权，无法及时获取有效的监管信息。权责分离和监管信息不对称造成地方政府在风险处置过程中非常被动，既缺乏应有的预见性，难以进行事前风险防范，也缺乏足够的有效性，难以保证事后处置效率，并加大了风险处置成本。

地方风险救助体系建设滞后。如尽管有国务院主导的地方金融风险处置案例（如德隆案），但方式是一事一议，地方在处置风险中可动用的资源并未明确，风险分担比例及如何分担也缺乏制度性规定。尽管有风险应急预案，且有年度演习，但预案仅限于本部门，能否跨部门、跨行业实施仍需验证。

（二）地方金融监管重审批、轻日常管理，存在重叠和空白

在执行地方金融监管职责的过程中，各地的金融办也往往注重对

小贷公司、融资担保公司的审批，在日常监管方面则作为不多。这在一定程度上与监管能力和力量不足有关。

由于中央金融监管部门的垂直部分监管和地方金融办监管力量有限，导致地方金融机构、类金融机构的监管既存在监管真空，也存在重复监管。比如农商行受到重复监管，市县级别的证券机构和保险机构存在监管真空。在跨省监管方面，虽能有些省市举行了跨省的联席会议，但以沟通经验教训为主，缺乏监管上面的协调。考虑到互联网金融快速发展的大背景，类金融之间的跨省联系越来越密切，跨省金融监管合作的缺失，将给地方金融监管带来较明显的真空。

（三）改革不配套制约了地方金融监管的有效性

金融监管的有效性，还高度取决于中央地方金融监管体制的相关配套改革。但目前地方国有金融资产管理体制改革、中央金融监管机构中央层与派出机构之间职责的划分和调整等，已制约了地方金融监管的有效性。

1. 地方国有金融资产管理体制的改革

绝大部分的地方政府对部分金融机构拥有资产和人事管理权，还是风险处置第一责任人，但由于同时作为股东和监管者，存在较大的利益冲突，也缺乏监管的必要手段，往往只能在大的问题暴露后，花费大量人力物力去做被动处置。

2. 中央金融监管机构中央层与派出机构之间职责的划分和调整

中央金融监管部门的派出机构缺乏必要的自由裁量权，无法立足实际对地方金融实施更有针对性的监管，以体现区域特征和差异性，从而更有利于中央监管机构与地方金融监管部门之间的沟通协作，增强地方金融监管的有效性。个别地区的金融办甚至指出：我国金融体制在其演变发展过程中，长期受到计划体制下高度集权、严格管制、国有垄断等传统路径的影响，对于地方金融、非正规金融以及民间金融这些传统外的新生金融需求，无论在思想认识、管理体制还是在采取政策、舆论导向方面，自觉或不自觉地抱持轻视、忽视甚至敌视的态度。"一行三会"作为中央金融体制的化身，自下而上垂直到底，对其他金融势力不设空间，不留余地。并且银监会、证监会、保监会分别成为银行、证券、保险等正规金融行业的"代言人"和"护法神"，进而依托这种管理体制，自觉并不断地对以中央金融、正规金融、国有金融为代表的传统体制进行持续的维护，而对地方金融、非正规金融以及民间金融则以居高临下的姿态在"规范"的旗号下采取种种手段加以限制、整顿、排斥、打压，从而形成不断自我强化的路径依赖，最终导致中央金融独大、正规金融独大、国有金融独大的现行金融发展格局。

三、提高地方金融监管有效性的对策建议

（一）提高地方金融监管有效性的基本思路与原则

地方金融监管体系改革，宜围绕市场在资源配置中发挥的决定性作用，更好发挥政府作用，整体谋划、稳步推进，转变职能、理顺关系。在科学界定地方金融监管职责和风险防范处置责任的基础上，进一步完善中央与地方条块结合的监管工作机制，强化中央金融监管部门督促和指导地方金融监管工作责任，落实好金融新业态的设置、监管和风险防范与处置责任，发挥好中央与地方两个积极性，加快形成"中央为主、地方补充，规制统一、权责明晰，运转协调、安全高效"的现代金融监管体系和风险防范处置体系，切实防范系统性、区域性

金融风险，促进金融更好地服务实体经济。

1. 坚持市场导向，有所管，有所不管

我国金融行业属于特许经营行业。在法律上，明确禁止企业之间的金融行为（企业不能发行融资票据和相互借贷），只有获取牌照的机构才能从事金融业务，否则就有"非法经营"之嫌。个人之间的金融行为，则归入民间借贷，缺乏明确的法律界定。在监管分工上，我国基本按照"谁的孩子（审批）谁抱走"原则监管。

我国已明确提出，要让市场发挥决定性作用，金融领域也应大力推进市场化改革，简政放权。考虑到少量的个人和企业之间的金融行为，并不会产生系统性风险，应在法律上直接豁免登记和管理，活跃合理的市场金融行为。地方金融监管既要防止通过监管干预微观主体的具体业务，背离市场化发展的方向，也要防止干涉资金在地区间的流动，如限制本省资金调出本省等。

事实上，监管是在微观主体有能力也有意愿自负其责的基础上来弥补市场缺陷的，一般承担三类职责：一是保证微观主体处于审慎经营区间（有限责任＋高杠杆）；二是确保市场实力基本均衡（投资者和消费者保护＋反垄断）；三是维护公开、公平、透明的市场秩序（行为监管）。为此，地方金融监管首先是要不要监管的问题。对于非大量吸收公众存款的金融机构和金融市场，是无须进行严格的审慎监管的；不涉及破坏市场秩序和力量均衡的金融机构和金融市场，也并不需要特殊监管的。

2. 合理分工

在金融监管方面，中央和地方是统一体，共同构成完整的体系。但中央和地方各自的监管优势不同，应合理分工，应兼顾统一性和灵活性，金融发展和金融规范，规划和实施。在划分中央与地方金融监管职责时，要坚持以下原则：①金融稳定原则。系统性重要金融机构和金融市场应纳入宏观审慎。②职责对等原则。③减少溢出效应。地方金融市场是否应交给地方，关键要看能否避免溢出效应。金融机构跨区经营，要么归中央监管，要么切实加强省际协调。④与加快政府职能转变相结合（改善监管，避免监管不到位）。⑤充分调动中央和地方积极性（地方在差异化、区域化上发挥作用）。⑥中央制定统一规则，地方负责实施，但应实行扎口管理/归口管理（比如归口金融办）。

中央和地方首先要在监管领域上有所分工，如中央侧重于全国性、跨区域的金融机构和金融市场监管，地方则侧重于地区性的金融机构和金融市场的监管。其次，中央和地方也要在监管重点上有所分工，如中央侧重于规则和监管的统一性，地方则侧重于地区的特殊性和监管的灵活性；中央侧重于金融发展的规范性，地方则侧重于金融发展促进本地区经济的发展；中央侧重于金融规范和风险防范、救助的规划，地方侧重于具体案例的配合和实施；中央确定大的原则和基本标准，地方确定细则和地方标准。

3. 权责一致

不论是中央，还是地方，金融监管都要保证权责一致。既要明确中央和地方各自的监管领域和监管职责，还要为相应的监管责任配备必要的监管资源，包括人员编制、资金保障和监管工具，甚至必要的地区需配备规章制定权和执行权。同时遵循权责对等原则，应"谁监管谁负责"（不是谁审批谁负责）。

建立权责对称的地方金融监管体制也是地方财权与事权相适应的内在要求。随着金融和财税体制改革的深入，地方金融风险处置权作为地方政府在金融领域的一项重要"事权"，其广度和深度都将明显增加。存款保险制度建立后，中央和地方在金融风险处置方面的事权边界将得到调整并趋于清晰。系统性金融风险和全国性金融机构将由中央金融管理部门负责，而区域性金融风险以及不纳入存款保险制度的地方性中小金融机构将明确交给地方政府主要负责。同时，城商行、农信社等存款类地方法人金融机构被纳入存款保险制度后，中央金融管理部门也仅在存款保险制度覆盖范围内承担有限责任，超出部分仍将由地方政府承担；而考虑到风险与地方经济的密切关联，即使在存保制度覆盖范围内的风险，地方政府也须协助处置并承担部分责任。可以预见，在财权约束下，地方政府对金融风险的处置将不得不从目前被动的事后救助转向更为主动的事前防范，以避免风险的实际发生。而这显然需要强化地方金融监管的职能，使地方政府能获得有效而及时的监管信息，以防患于未然。因此，按照十八届三中全会提出的"建立事权和支出责任相适应的制度"的要求，应建立权责对称的地方金融监管体制，规范地方政府金融监管职责，促使地方政府更理性、更审慎地推动金融发展创新，有效地防范和化解地方金融风险。

4. 统筹协调

地方金融监管体系的设计和实施，需要统筹兼顾。既要注重地方金融监管需求，还要考虑到我国监管框架未来调整的方向。地方金融监管要特别注重协调性，既要注重中央和地方的分工协调，也要注重地方不同监管部门之间，以及跨省监管部门之间的协调。加强地方金融监管部门与驻地中央金融管理部门的协调配合，建立并不断完善信息交流平台和工作沟通渠道，加快形成条块结合、运转高效、无缝衔接、全面覆盖的区域性金融管理和风险防范机制，增强地方金融监管合力。可考虑建立由中央监管部门和地方金融监管局共同组成的地方金融监管工作协调机制，促进地方金融监管工作协调和信息共享，加强对地方金融监管的指导监督。

（二）具体建议

1. 明确地方金融监管的法律依据和职责范围

我国宜明确界定地方政府的金融管理职责，尤其是在"风险处置"和"区域性金融稳定"方面的职责，赋予地方政府一定的管理权力，提高其加强金融监管的主动性和有效性。我国可从国家或省级层面，制定出台地方金融监督管理条例，明确规定地方金融监管的监管机构、监管对象、监管职责、法律责任等相关内容，对地方金融监管局的权责进行规范化和制度化。

在确定地方金融监管权限时，一是要坚持合理分工原则。历史上，我国的中央层级的监管部门，往往将好管的"揽过来"，不好管的"推出去"。而应根据金融业态的运行和风险特征，结合中央和地方的专业能力和信息优势，确定划分标准，例如非负债类及区域性的负债类机构的监管，都可以考虑由地方监管。二是要基于底线思维。要划定底线，确定什么不能做，全国统一标准，避免主体监管的做法。严格执行牌照制度的话有可能堵死草根金融的路，可考虑引入负面清单和真正的备案制管理方式。三是要考虑未来金融监管的改革方向，重视混业和功能监管。

具体而言，中央驻地方的金融监管部门法定监管范围之外的，吸收少数客户资金、限定业务范围、风险外溢性较小的新型金融组织和金融活动，包括辖区小额贷款公司、融资性担保公司、民间资本管理机构、民间融资登记服务机构等新型金融组织，和权益类、大宗商品类（中远期）等具有金融属性的交易场所，以及融资租赁、典当、拍卖、股权投资、创业投资、农业保险等金融业务，在中央统一制定监管规则的前提下，可考虑由地方承担相应的监管分工。地方政府要加强对民间借贷、新型农村合作金融组织的引导和规范，有效防范和打击金融欺诈、非法集资等各类违法违规行为，不断强化金融消费者保护职责。

2. 加快推进地方金融业务统一管理

过于分散的金融监管，特别是将金融监管交由非金融主管部门监管，导致金融监管边缘化，服从于主管部门主导业务的发展。由于以前地方政府没有金融工作部门，一些明显具有金融属性的行业分属地方不同部门监管（对应国家部委职能设置，如股权投资在发改委，典当、融资租赁在商务厅等）。在各省市基本已设立金融管理部门后，可考虑对地方金融业务实行统一管理，设立省、市、县三级地方金融监管局，赋予地方金融监管局与风险防范处置责任相匹配的独立监管权。尤其在省级层面应进一步增强地方金融监管的协调性，有效防止个别行业和局部地区风险蔓延和扩散。

3. 完善地方金融监管立法，配备与监管职责相适应的监管资源

一是完善地方监管立法，适当赋予地方监管灵活性。地方应积极跟进国家有关立法，制定出台相应的金融监管实施细则。同时按照地方立法权限，抓紧研究制定各省的发展和监管条例，为加强地方金融监管、促进金融业持续健康发展提供法制保障。省级监管部门宜结合本省地方金融新业态发展的实际，依据国家金融监管法律法规和政策规定，研究制订和完善本省金融新业态组织监管制度，确保地方金融新业态组织的合法合规经营。在条件成熟时，可按程序提请制定地方金融法规。

二是不断强化地方金融监管队伍和能力建设。围绕地方金融监管工作需要，加强对各级地方金融监管局工作人员的培训，尽快提升监管能力和水平，同时从不同渠道遴选合适的人才，充实地方金融监管队伍。加强相关行业监管信息数据交换与整合，建立健全地方金融数据监测平台，为制定监管政策、开展监管工作提供科学依据。

三是完善县域办事处设置。随着县域银行业服务职能的强化，银行业县域监管的任务越来越繁重，而基层银行监管部门机构设置和资源配备均存在较大缺口和不足，需要进一步充实和完善。

四是充分利用行业协会力量。在地方监管实践中，既要强调地方监管的统一性，适当集中监管权限和资源，也要充分利用各类行业协会的作用。考虑到地方金融监管与中央层级监管的不同，更要加强行业自律。行业自律要创新，不能单靠行业协会，关键是要以市场化的手，用正激励引导行业自律（分类监管、奖优罚劣，引导规范发展）。

五是推动金融监管技术外包。对于现场监管、非现场监管，地方监管部门除了利用技术力量外，还可考虑适当外包给专业技术公司和评级公司，进行初步的数据分析和风险评级，地方监管部门可在此基础上进行更加专业的判断和监管。

六是在业务信息系统基础上强化系统性风险管理。监管能力的高低，与监管工具、监管人员和资金有关，但更重要的是监管理念和制度、技术的提升。目前很多省级金融管理部门推动小贷公司建立全省统一的、核心业务运营的计算机业务系统。这种建立在业务系统基础上的信息系统，有助于监管部门实时监测到所监管机构的真实业务信息，有助于提高监管的及时性和有效性，在有条件的地区应积极推广。但与此同时，也要看到这种监管技术手段的有限性。金融风险的识别和管理，需要基于真实业务信息，但又要有专门的技术方法和制度，进行汇总和处理。地方监管部门只有在此基础上进一步开发有效的风险识别和管理系统，才有可能更有效地使用这套系统。

4. 加快推进农信社管理体系改革

农信社改革是理顺中央和地方金融监管的一个重要交叉环节。深化农信社管理体制改革应以系统治理机制为重点，突出风险防控和合规导向。

一是对拟实行省级机构控股县级机构的改革模式，应重视其控股比例，如控股比例过低则不利于发挥省级机构的基本功能。县级农信社理事会负责人的产生应以规范执行选择制度为基础，以发挥股东大会的制衡功能为根本，以省联社监督为保障。

二是加强省级机构对县级机构的风险防控机制。完善电子化并表管理机制。通过电子化非现场检查和审计，加强风险防控监督机制的动态性、实时性，以此为基础，加强现场检查的针对性。

三是改进省级机构的管理方式，从风险防控出发，加强规则管理，对日常运作减少行政干预。

四是针对管理层剩余权利，完善外部制衡机制，完善配套法律法规，通过专业化、全覆盖的财务审计和管理审计完善监督，将责任追究制度作为管人的根本手段。

五是加强农信社系统内部的信用联合，建立健全系统内部的存款安全保障机制，提高保障水平，有效防止小银行存款流失。

六是顺应市场规律，在总体保持二级法人和县级法人体制稳定的前提下，对于一些经济相对欠发达地区规模不经济、脱困有难度的县级法人，应及时推进资产重组和同级机构兼并，以避免在利率市场化改革推进的过程中包袱越滚越大，以致酿成局部风险。

5. 配套改革措施

一是理顺中央监管部门与其派出机构的关系。中央金融监管部门应赋予其派出机构适度的自由裁量权，由派出机构立足实际对地方金融实施更有针对性的监管，体现区域特征和差异性，从而更有利于中央监管机构与地方金融监管部门之间的沟通协作，增强地方金融监管的有效性。

二是推动地方风险救助体系的制度化和规范化。应尽快明确地方金融风险处置中，地方可以动用的资源、风险分担比例。加强地方金融风险救助过程中的跨部门合作，提高金融风险救助的有效性。

三是加快推进地方国有金融资产管理体制的改革。进一步推动地方国有金融机构的股份制改造，引入民间资本，淡化国有资本，强化科学合理的公司治理机制。地方政府不再直接任命地方金融机构的董事长等高管，农联社对股份制改造后的农商行不再拥有高管任命权及其他行政性指令权，仅有业务指导和风险监控的权力。

执笔人：陈道富

中央与地方分层监管的美国做法

作为联邦制国家，美国的联邦政府和州政府均设有监管部门，分别根据联邦和州相关法律行使监管职能。很多金融机构既受到联邦层面的监管，也受到来自州政府的监管。我国在加强地方监管、构建中央与地方分层监管方面，可以适当参考美国的做法，但也要充分考虑到国家政权制度的差异。

一、联邦一级的金融监管框架

美国政府设立的联邦一级的金融监管机构主要包括：联邦储备系统（FRS）、货币监理署（OCC）、联邦存款保险公司（FDIC）、联邦金融机构监察委员会（FFIEC）、美国证券交易委员会（SEC）、联邦住房放款银行委员会、联邦储备贷款保险公司、全国保险监督官协会（NACI）、联邦储备监督署（OTS）和国民信贷联合会等。

（1）联邦储备系统（FRS）

作为美国的中央银行，联邦储备系统由美国12个地区的联邦储备银行组成，主要负责制定美国货币政策，并对联邦银行和其他会员银行及持股公司进行管理和监督。其主要监管对象是所有的存款机构，监管职能是检查所有商业银行会员的账目，并对这些会员商业银行设定最低储备率要求。联邦储备系统不仅监管联邦注册的银行，还监管州注册的银行。1999 年出台的《金融服务现代化法案》赋予联邦储备委员会监管金融控股公司的权力，同时美联储作为总监管者对银行直接行使监管的权力也没有被限制或废除。美联储成为唯一一家能同时监管银行、证券和保险行业的联邦机构。

（2）货币监理署（OCC）

该机构负责审批银行申请，批准分支机构的设立及银行的合并，制定有关的管理法规并监督执行，查处违法行为并有权吊销执照，但 OCC 无权管理州注册的银行。

（3）联邦存款保险公司（FDIC）

该机构是美国一个独立的联邦政府机构，主要职能是银行监管以及为美国独立注册的银行和储蓄信贷机构的 8 种存款账户提供限额 10 万美元的保险。其银行监管职能主要针对非美联储成员的州注册银行和储蓄信贷机构。联邦存款保险公司的主要使命在于对法定限额内的存款提供保险，促进银行业的稳健运营，维护美国金融体系的稳定和公众信心。1991 年 FBSEA（《加强外国银行监管法》）规定没有参加联邦存款保险的银行不得吸收 10 万美元以上的存款。

（4）联邦金融机构监察委员会（FFIEC）

该机构是根据 1978 年《金融机构管理和利率控制法》创立的金融监管部门之间的协调机构，联邦金融机构监察委员会由货币监理署总监、美联储理事会成员、储蓄机构监管署主任、联邦存款保险公司总裁和全国信用社管理局局长组成。主要任务和职责是：为金融机构的监管制定统一的原则、标准以及报告形式；订立金融机构统一评级制度即"骆驼评级体系"，统一监管机构对于金融机构进行检查评级的标准及方法；促进金融监管事务的一致性；设立培训学校，对监管人员进行培训。在联邦金融机构监察委员会的协调下，联邦银行监管机构在对银行进行现场检查时，经常采取统一行动，共同检查，报告共享以节省监管资源，减轻了监管对象的负担。

（5）全美保险监督官协会（NAIC）与联邦保险局

该机构由美国的50个州和哥伦比亚行政区以及4个美属准州的保险检察官组成。美国的保险业监管职责主要由各州的保险监管局承担，在美国联邦层面基本不设保险监管机构，NAIC的职能也仅仅是辅助州保险监管局，综合各州保险监管局的意见，制定标准式的法规，从而在一定程度上实现各州保险法和保险监管的协调与统一，同时达到保护消费者利益、促进市场竞争等目标。此外，美国联邦政府成立了联邦保险局，只负责联邦政府法定保险，如联邦洪水保险、联邦农作物保险、犯罪保险和变额人寿保险等险种。

（6）美国证券交易委员会（SEC）

该机构根据美国《1934年证券交易法》成立，是直属联邦的独立准司法机构，负责证券监管工作，是美国证券行业的最高机构。SEC具有准立法权、准司法权、独立执法权，其职责为加强信息的充分披露，保护市场上公众投资利益不被玩忽职守和虚假信息所损害。美国所有的证券发行无论以何种形式都必须在委员会注册；所有证券交易所都在委员会监管之下；所有投资公司、投资顾问、柜台交易经纪人、做市商及所有在投资领域从事经营的机构和个人都必须接受委员会监督。

（7）全美证券交易商协会（NASD）

该机构成立于1936年，是美国证券行业自律组织，实行社团组织管理，接受美国证券交易委员会指导。NASD 管理联邦体系中新证券发行的注册工作，而证券交易所本身就是一个享有发布规范会员公司和上市公司规章制度的自律协会。2007 年 7 月 30 日，NASD 和纽约证券交易所（NYSE）的会员监管、执行和仲裁职能合二为一，成立美国金融行业监管局（FINRA）。金融行业监管局成为负责监管美国证券经纪人和交易商的单一机构，此举集中权力以消除重复工作、降低成本，增强了美国证券市场竞争力，体现了自律监管组织的整合趋势。

（8）商品期货交易委员会（CFTC）

该机构成立于 1974 年，由美国国会建立，其监管对象是期货市场的交易机构和产品，包括监管商品期货、商品期权、金融期货、金融期权市场。主要职能包括：保障期货和期权市场的开放性、竞争性和财务上的可靠性，保护市场参与者免受期货、期权市场的不规范行为（如欺诈、市场操纵、不正当经营等行为）的侵犯。

（9）市政债券决策委员会（MSRB）

美国国会于 1975 年设立了市政债券决策委员会，赋予其发布有关监管法规的职责，即监管证券公司和银行承销、交易和销售市政债券等行为的法规。MSRB 是自律性组织，受证券交易委员会（SEC）的监管。

（10）财政部

美国国会于 1986 年通过了政府债券法案（Government Securities Act），赋予财政部监管整个政府债券市场的职责，具体监管政府债券经纪商和交易商的交易行为，以保护投资者，建立公平、公正和富有流动性的市场。2008 年金融危机之后，美国在财政部下设立了金融稳定监管委员会（FSOC），以监测和处理由大型联合企业及其产品和活动带来的系统性风险。

二、州一级的监管框架

各州监管当局对在本州注册的金融机构进行监管。每个州都有审批、许可、监管其管辖区域内金融机构的权力。

（一）银行业

按照"谁审批、谁监管"的原则，州和联邦共同享有监管权，即联邦政府特许经营的银行由联邦监管机构进行监管，各州特许经营的银行由州监管机构进行监管。各州都有自己独立的银行业监管机构负责监督、管理注册银行，这些机构同时管理州内其他金融机构，如储蓄存款协会、信贷合作社和金融公司，具体职责范围与货币监理署相似。但如果州银行加入了联邦存款保险公司或成为美联储的成员银行，州银行除了要受到州政府的监管外，还要受联邦存款保险公司或美联储的监管。

美国各州设有银行监管厅，对州内注册银行进行监管。各州银行监管体系先于联邦监管体系，于18世纪末与美国商业银行同时产生，各州的银行法律体系及银行监管部门的设置不尽相同。州银行监督官一般由州长任命，需要得到州议会的认可，而无须征求联邦银行监管机构的意见。

州银行监管部门对本州注册的银行进行审批和监管，原则和方式与联邦银行监管基本相同，其监管职能主要有：①新银行的注册；②银行分支机构的设立与关闭；③对银行持股公司在本州的业务范围实施监管；④对在本州注册的银行机构进行检查，但检查的标准和检查的范围各州并不一致，有些州与联邦的水准差不多，有些州则不是很严格；⑤保护公众利益，实施保护消费者的法令，如监督实行信用公开制度；⑥管理金融公司的行为等。

（二）证券业

州政府对证券业的监管权相比其他行业要小，美国证监会、美国商品期货交易委员会以及行业自律组织对证券机构实行垂直监管。美国主要证券交易所、全美证券交易商协会和清算公司都有责任监督证券业市场交易及其成员活动。这些自律组织要接受政府监管机构的监督指导，其颁布的规则和标准也要经过政府监管机构的审查才能得以实施。另外，自律监管的效果还要接受政府监管机构的事后评估，如果监管不力或违反法规，将要接受政府的修正、制裁或处罚。

（三）保险业

与证券业不同的是，州政府对保险业享有绝大部分的监管权，各州自行制定保险法，对保险公司、分公司、中介代理机构及其业务活动实施监管。美国的保险监管职责主要包括市场准入以及监测检查等日常监管。根据《麦卡伦—弗格森法案》，每个州都成立保险署并被赋予监管本州保险业的权力。联邦政府只能通过对州监管施加一定程度的影响和通过其直接控制的联邦政府保险组织在保险市场上发挥作用。美国联邦保险局与各州保险署之间不是隶属关系，而是平行关系。任何一家保险公司必须获得州保险监管部门的批准方可在该州营业。经过保险监督官协会一百多年的努力，各州法律已趋于一致。1999年11月通过的《金融服务现代化法》改变和扩充了全国保险监督官协会的职责，使其成为联邦一级的保险监督机构。

美国保险业的监管以州政府的监管为主，美国各州对州内保险业的监督管理一般是立法、司法和行政的三方监管模式。

1. 立法监督管理

美国各州立法机关均制定保险法规，以规范保险公司、保险中介人等的保险经营活动，保障被保险人的合法权益，维持保险市场的健康、有序发展。这些法律一般都对保险公司的注册和领取营业执照、业务范围、解散、清算和破产、费率的制定标准、资金的运用等都有严格的规定。如著名的《纽约州保险法》（New York State Consolidated Laws）共99条，约200万字以上，内容主要以保险业法为主，对保险企业的经营活动有详细的规定，对其他州保险法的制定影响较大。而加利福尼亚等少数州的保险法主要以保险合同法为主，侧重于调整保险人和投保人、被保险人之间的关系，保证各方行为受到法律规范的约束。

2. 司法监督管理

司法监督通过州法院在保险合同双方发生纠纷后进行判定得以实现。主要体现在法院具有对保险合同条款的解释权。另外，州法院被赋予其他一些权力，如审定州保险法规的合宪性和检查州保险监管部门行为的合法性等。

3. 行政监督管理

州保险的行政最高监督权由州保险监督官执行。其中有的监督官通过选举产生，有的则由州长直接任命并由州立法机构批准通过。另外，各州往往另设保险监督副官若干名，以协助监督官执行工作。保险监督官的权力主要集中于核发保险公司的营业执照，监督保险公司的财务状况和资金运用状况，管制保险险种的费率，给予保险公司或保险中介人警告、罚款、吊销营业执照等惩罚方面。以各州保险监督官为成员的全国保险监督官协会，在各州保险监督官执行监管的过程中也起了重要作用。

三、州一级金融监管的 5 个案例

（一）密歇根州（设立单一金融服务监管者）

密歇根州重组金融监管架构以关注监管目标而不是金融部门。密歇根的金融和保险服务局声称其是第一个根据 1999 年的《金融服务现代化法案》（GLB 法案）协调金融机构、保险和证券业监管的州一级监管者。密歇根州通过合并金融机构局、保险局和证券局于 2000 年 4 月创建了金融和保险服务局（OFIS）。金融和保险服务局建立时，弗兰克·菲兹杰拉德时任密歇根州保险局局长，并成为了金融和保险服务局的第一任局长。他在为新的机构正名时说道："旧的防火墙已经倒塌，现今最重要的趋势是融合……新的办公机构旨在提高监管效率。"最初，金融和保险服务局包括三个部门，基本上复制了之前的三个局。然而，金融和保险服务局对其内部结构进行了重组，现在它包含两个办公机构：金融评估局，负责审慎监管和监督；政策、行为和消费者援助局。

金融评估局包括 4 个部门：一个负责银行和信托；一个负责信用社；一个主要负责保险检查；一个负责监督和监察财政陷入困境的保险公司。

在政策、行为和消费者援助局中，4 个部门中的 3 个涉及不止一个金融行业。政策、行为和消费者援助局下的政策部门为有关金融服务业的所有监管活动和政策制定提供研究支持、政策分析和建议支持；行为考察和证券部门为贷款经纪人、证券经纪交易商、投资顾问、证券代理人、保险代理人和保险代理机构颁发许可证，同时根据金融和保险服务局的所有规则从事调查和执法行动；消费者服务部门充当接触消费者查询和投诉的起点。

（二）　加利福尼亚州（整合银行和证券公司的监管机构）①

加利福尼亚州是将银行业和证券业的监管机构合并为一个单一机构的典型代表。加利福尼亚州在商务监管部门下设立金融机构部，监管州立特许金融机构的运营，包括银行、信用社、工业银行、储蓄协会、信托公司、外资银行机构、商业和工业开发公司、货币转移业务、发行支付票据和旅行支票以及高级财务公司。

（三）　新泽西州（整合银行和保险公司的监管机构）②

新泽西州设立一个半集成的金融机构，将监管银行业和保险业的机构整合为单一机构，即新泽西州银行和保险部（Department of Banking & Insurance）。该部门的任务是以专业及时的方式规范银行业、保险业和房地产业，以保护和教育消费者，促进这些行业的增长、金融稳定和效率。该部的主要办事处设在特伦顿，并在纽瓦克市设有一个消费者中心。银行和保险部主要由3个部门组成：银行部、保险部和新泽西州房地产委员会。

银行部由消费金融办公室和存款机构办公室构成。消费金融办公室通过对提供多种消费金融服务的16种类型机构（表5-1）进行监

---

①②　根据加利福尼亚州商务监管部网站（http：//www.dbo.ca.gov/About_ DBO/organization/dfi.as）资料整理而得。

表 5 - 1　　新泽西州特许金融机构按机构分类情况（截至 2013 年 12 月 31 日）

机构类型	数　量	总资产（千美元）
商业银行	43	29107210
储蓄银行	28	38634409
储蓄和贷款机构	3	2701028
有限目的信托公司	4	32605
信用社	19	662695
总　计	97	71137947

资料来源：新泽西州银行和保险部网站年度统计。

管并为消费者提供保护。该办公室的监管职责包括投诉调查、现场检查、通过年度报告备案监测净资产和履约保证要求以及采取可能需要的执法行动等。此外，该办公室通过现场检查和报告文件监管州特许信用社，以确保其安全稳健以及遵守州和联邦的法律。存款机构办公室处理和审查存款机构提出的建立新的特许机构、建立新的分支机构、机构搬迁、收购计划、兼并、批量销售、存货转换以及辅助办公室的申请。此外，该办公室负责检查州特许商业银行、储蓄银行、储蓄和贷款机构以及涉及这些机构的执法行动。

保险部由担负着新泽西州监管职责的各类保险的许可和监督单位构成。保险部向保险公司、生产商及其他风险承担实体颁发许可证，审查保险产品和保险费率是否符合现行法规，检查许可证持有人的金融偿付能力以确保市场上的产品供应。该部也负责对消费者的关注和问询作出回应，并努力加强保险相关的消费者教育。

新泽西州房地产委员会（REC）成立于 1921 年，负责管理和执行《新泽西州房地产行政许可法》（N. J. S. A. 45：15 - 1 et seq）。房地产委员会向房地产经纪人、销售人员、房地产学校和课程导师发放牌照，同时为房地产经纪行业制定执行标准。

（四）田纳西州①

田纳西州设立一个半集成的金融机构，将监管证券业和保险业的机构整合为单一机构，即田纳西商务和保险部（Department of Commerce and Insurance）。该机构由许多分支机构组成，并随时准备帮助其监管的个体和企业。该机构为一系列广泛的行业和商业人士提供公平有效的监督和公平的竞争环境，同时保护消费者的利益。

消费者事务部与其他州和联邦机构一起合作，负责执行《田纳西州消费者保护法》，每年调解超过 6000 起的消费者投诉，并协调部门中的消费者教育工作。保险部负责执行《田纳西州保险法》，并且监管着 1700 多家保险公司和其他特许的实体或以其他方式被授权在田纳西州做生意的实体。证券部监管经纪人、经销商、代理商、投资顾问，并调查欺诈行为。田纳西审慎监管部监测金融状况和健康维护组织（HMOs）与行为健康组织（BHOs）的及时支付时间。此外，还有消防部、监督管理委员会等。

证券部由经纪交易商和投资顾问登记组、执行组和证券登记组构成。经纪交易商和投资顾问登记组负责管理 1980 年《田纳西州证券法》中的 T. C. A. 48 – 2 – 109。该条款要求证券交易商、代理商、投资顾问及投资顾问代表首先进行注册，然后才可以合法地在田纳西州开展业务。除了保持一定的硬拷贝文件，该组运用两种电子文件归档系统：中央登记存储系统（CRD）是用于经纪交易商、代理商、投资顾问代表提交和更新注册申请的全国性系统；投资顾问登记存储系统（IARD）是用于投资顾问提交和更新公示登记和注册申请的全国性系统。证券部鼓励公众在投资之前调查经纪交易商、代理商和投资顾问

---

① 根据田纳西州商务和保险部网站（http://tn.gov/commerce/）资料整理而来。

的背景。广大公众可以联络经纪交易商和投资顾问登记组，获取一个经纪交易商、代理商或投资顾问是否在州内取得了注册的相关信息。有关注册人的违法违纪、申请注册和文件提交的记录在证券部的办公期间可供公众进行监督。

田纳西州证券部下的执行组负责实施 1980 年的《田纳西州证券法》。该组对提交给证券部的投诉进行调查，以确定是否存在违反《田纳西州证券法》规则的行为。根据投诉的调查，该组可能采取如下行动：①针对注册或非注册方提起行政诉讼；②在衡平法院（Court of Equity）启动禁止令；③将罪犯转交给适当地区的司法部长。虽然证券部不能代表受害人，也无法弥补投资给其带来的损失，但是根据相关法案受害人会获得民事赔偿。受害人应该咨询其律师来探讨可获得的赔偿。

证券登记组根据 1980 年《田纳西州证券法》监管所有公共和私人证券产品的销售。《田纳西州证券法》指出，任何人在该州销售任何债券都是非法的，除非：①它在该部分下注册；②证券或交易在 T. C. A. 48－2－103 下豁免；③该证券是免注册证券。该组检查证券发行申请，包括招股说明书、证券描述、财务报表以及其他相关信息。如果符合《田纳西州证券法》的条款，证券就能注册。证券登记组注册在田纳西州出售的所有证券约占 15％。大部分证券可以免于州注册，因为他们在认可的交易所——如纽约证券交易所、美国证券交易所、纳斯达克、芝加哥期权交易所或费城证券交易所——出售某种特定的、不需要注册的证券或交易，如银行或政府发行的证券。

（五）佐治亚州①

1. 银行和金融厅

佐治亚州银行和金融厅（The Georgia Department of Banking and Finance，简称 DBF）成立于 1919 年，是州政府部门之一，直接向州长和州首席财务官负责和报告工作，厅长由州长任命，任期为 4 年。该部门负责对州注册银行、信用社和信托公司进行监督和管理，也负责管理和审批在佐治亚州注册成立的按揭经纪人、出借人和其他从业人员以及货币经营机构、国际银行业组织、银行控股公司等。根据银行和金融厅对监管对象的分类，上述金融机构分别被归类为存款类金融机构和非存款类金融机构两大类。存款类金融机构主要包括银行、信用社、信托公司以及国际银行机构；非存款类金融机构主要包括支票销售商、支付结算服务商、支票兑付商（这三种机构合称为货币经营机构，即 Money Service Businesses，简称 MSB）以及按揭经纪人、贷款人等。佐治亚州银行和金融厅每年年报都会详细地反映该州地方金融机构的类型及其数量，表 5-2 中显示了 2007 年以来不同类型地方金融机构的变化情况。

表 5-2　佐治亚州银行和金融厅监管金融机构（2007~2012 年）

金融机构 （含注册金融从业者）	2007	2008	2009	2010	2011	2012
银行	291	276	251	221	199	186
信托公司②	1	1	1	1	1	1
信用社③	69	67	64	61	60	54

---

① 美国地方金融机构即州金融监管部门所监管的金融机构，下同。

② 该州信托业务主要是商业银行在开展，专门从事信托业务的公司只有 1 家。

③ 州注册信用社是在州注册的由社员拥有的金融合作社，由社员民主管理和经营，以促进节约为目的，以具有竞争力的利率提供信贷，并向其社员提供其他金融服务。

续表

金融机构 （含注册金融从业者）	2007	2008	2009	2010	2011	2012
银行控股公司①	264	265	248	241	227	220
国际银行机构②	3	3	1	1	1	1
国际银行离岸账户或分支机构③	1	1	1	1	1	1
国际银行代表处	2	3	2	2	2	2
非国际银行代表处	104	71	50	50	49	54
支票销售商④	26	23	23	23	27	32
支付结算服务商⑤	86	80	83	83	81	81
支票兑付商⑥	823	907	901	1005	1026	1059
按揭经纪人、贷款人等⑦	3013	2259	1631	5471	6471	7595
合计	4683	3956	3256	7160	8145	9286

资料来源：2008~2012年数据根据DBF的2012年年报整理，2007年数据根据DBF年2011年年报整理。

根据《佐治亚州法典》Section 7-1-41规定，佐治亚州银行和金融厅每年依法向接受其监管、许可和注册的金融机构和实体收取检查费、许可费、登记费。而且，该厅还可以收取合理的行政审批及相关费用、特别调查费、听证费、按揭贷款费，以及为提供任何会计、账

---

① 银行控股公司是在至少拥有或控制一家银行的基础上，符合美联储或佐治亚州对银行控股公司的定义的组织。

② 国际银行机构是指在佐治亚州境内从事业务经营活动的国际银行公司或其分支机构。

③ 国际银行离岸账户或分支机构是指美国银行设立的一个独立的账户或者外国银行在美国设立的分支机构，这些账户或机构仅仅向非美国居民或机构提供金融服务。根据佐治亚州法典Section 7-1-731的定义，上述国际银行离岸账户或分支机构是在该州境内经营，且其资金来源于美国境外/其他离岸组织/向其母公司的临时借款，并将资金用于美国境外。

④ 支票销售商是指专门从事支票等支付工具销售或发行的机构或个人，该州注册的支票销售商还可经营代理支付结算业务。

⑤ 支付结算服务商是指为客户提供安全、快捷的电汇等全球支付业务的机构并收取费用。

⑥ 支票兑付商是指专门为客户办理支票兑付或贴现业务，并收取费用的企业。

⑦ 按揭经纪人是指为按揭的借款人和贷款人提供中介服务的机构或个人，他们并不为借款人提供贷款，但他们通常一方面为贷款寻求最合适的按揭，另一方面为贷款人（如银行）寻找客户；按揭贷款人主要是指银行等金融机构。

户、报告等文件的副本或认证等收取费用。上述费用根据金融机构类型和工作性质分别有不同的收费标准。

佐治亚州银行和金融厅实行收支两条线管理，根据佐治亚州法典Section 7 – 1 – 43规定，该厅负责收取上述监管费用，并在扣除支付给经收机构或律师的费用后，全部上缴州财政厅。该厅的支出通过每年州议会批准的预算拨款解决。

2. 保险和安全消防专员办事处

保险和安全消防专员办事处由许多部门构成：保险金融监督处、保险产品审查处、代理人授权处、执法处、欺诈调查组、工业贷款部和安全消防部。

保险金融监督处负责为有意向在佐治亚州经营业务的公司颁发许可证。

保险产品审查处由财产险和意外险科、人寿险、人身意外伤害险和疾病险科以及检查科构成。财产险和意外险科的主要功能涉及审查财产险和意外险费率，对财产险和意外险的所有保险单的批准或不批准进行审查。审查费率和费率的修订，以确定其是否符合保险法的要求，即保费不可过高、过低或具有不公平的歧视性。对保单进行审查以确保：措辞不模棱两可，覆盖面不受到过度地限制，合同涵盖合法的保险利益。人寿险、人身意外伤害险和疾病险科负责审查、监管和批准所有在佐治亚州使用的人寿健康险的保单。保险单（包括附加文件、批单、申请等）如果含有不一致、不明确或误导性的语言，或者含有不公平的或违背州公共政策的条款，将不能得到批准。除了与保险公司交涉外，该科还直接面向公众，解答消费者的问题。典型的咨询涉及某些保单的合法性、费率调节以及人寿险、人身意外伤害险和疾病险广告的真实性等。检查科负责采取适合的金融、精算、费率、市场行为或其他形式的检查，检查受保险业监理处监管的所有个人或实体。该科与监管服务科，财产险和意外险科，人寿险、人身意外伤害险和疾病险科合作，共同履行职责。

代理人授权处负责为所有类别保险的保险代理人、律师、顾问、经纪人以及理算师颁发许可证。为了实现这一职责，该处被赋予以下权力和职责：①管理许可资格；②批准申请人要求的正规课堂或其他培训课程；③为合格的首次申请人颁发临时的许可证；④协助编制考试学习手册，以帮助申请人获得通过笔试所需的知识；⑤根据法律和部门规章颁发永久许可证；⑥按照法律要求征收所有费用，并对其作出解释；⑦与其他州制定互惠协议，为非居民申请人颁发许可证；⑧处理保险人对保险代理人挪用资金的投诉，并在必要的时候举行非正式会议。

与消费者服务和执行处协同处理其他投诉，以确定是否存在充分证据证明违反了《佐治亚州保险法》，从而批准对保险代理人发起行政诉讼。通过对资格要求的严格践行，以及对违反《佐治亚州保险法》行为的严肃而公平的处置，代理人授权处致力于吊销那些通过不道德的、不公平的或非法的行为蓄意破坏消费者对保险业信心的许可证持有人的许可证。

执法处调查并就代理人许可证撤销、终止和停止命令以及涉及专员监管责任的其他类似事项向专员提出建议。执法处的其他职责包括管理《佐治亚州保险控股公司法》，处理保险公司破产事务，起草立法提议，起草与其他州签订的回回协议，以及响应消费者、外聘律师、保险公司及保险代理人对信息或法律进行解释的要求。

欺诈调查组是执法处的一个组成部门，并且在保险业监理处的整体任务中扮演至关重要的角色。该组负责调查由公司、代理人或个人所犯下的非法保险活动，以及那些设计实施刑事诈骗计划（这些计划具有令人难以置信的复杂性和严重性）的人群。诈骗行为消耗了用于合法的索赔支付的预留资金，或以其他的形式破坏了保险金融网络的稳定性，这给所有的佐治亚州人带来了影响。执法组在调查完成后，可取得逮捕证逮捕这些肇事者，并协助州检察官对其进行审判。

工业贷款处负有特许和监管佐治亚州小额贷款行业的责任。这些小额贷款公司根据《佐治亚州工业贷款法案》授权，可以将现金借给消费者，但贷款金额不能超过 3000 美元，贷款期限不能超过 36 个月。一个工业贷款公司的申请人要想得到许可必须满足以下 3 个要求：净资产至少达到 25000 美元；公司运营良好；满足《州工业贷款法案》规定的便利和优势标准，如能够证明该社区内的居民对这项服务具有需求等。约有 1037 家授权的工业贷款公司在佐治亚州开展业务。

3. 佐治亚州地方金融监管法律法规

银行和金融厅自 1919 年建立以来，其职责不断增加，已不仅局限于银行监督和管理，陆续被指定为 1925 年《佐治亚州信用合作社法案》、1927 年《佐治亚州信托公司法案》、1965 年《佐治亚州支票出售法案》、1970 年《信托投资公司法案》、1972 年《国际银行机构法案》和《佐治亚州商业发展公司法案》、1990 年《支票兑付条例》和 1993 年《佐治亚州住宅按揭法案》的监管和执法机构。2002 年 4 月 22 日，《佐治亚州公平贷款法案》（GAFLA）签署通过成为州法，并于同年 10 月 1 日生效执行，其后又于 2003 年 3 月 7 日进行了修订，这部法律的实施对佐治亚州住宅按揭和经纪业务有着极为重大的影响，也是银行和金融厅对按揭业务实施监管时依据的重要法律。具体而言，银行和金融厅监管中所涉及的主要法律法规如下。

（1）《佐治亚州法典》

该州针对金融机构及金融监管制定的相关法律在法典第7卷，共涉及9章，分别是：第一章"金融机构"、第二章"信用社存款保险公司"、第三章"佐治亚州产业贷款法案"、第四章"利息和高利贷"、第五章"信用卡和信用卡银行"、第六章"信用或贷款歧视"、第六章"佐治亚州公平贷款法案"、第七章"贷款经纪人"、第八章"远程服务终端的安全使用"、第九章"佐治亚州限制商人收购银行法案"。其中第一章"金融机构"的第一部分即是对州银行和金融厅的适用规定（于2012年7月1日最后一次修订），共分13小节，分别对目标和基础事项，组织机构和人员，操作程序和规则，处理处罚行动事项，正常或紧急关闭、业务限制和自愿清算金融机构，金融机构名称许可和保留、注册办公场所和广告，破产清算的接管权和一般程序，破产清算中的主张、优先清偿顺序及会计核算，涉及受托基金或合并资产的破产清算，金融机构控制人变更，司法程序成本，死者账户存款以及银行收费等方面做出了具体规定。

佐治亚州十分注重法律法规的修订和完善，仅2012年州议会就签署通过了3项金融监管方面的法案，分别是：3月28日《佐治亚州限制商人收购银行法案》；5月1日通过关于银行和信托公司发行非现金作价股份需经州银行和金融厅批准等有关规定；4月19日通过关于衍生交易中信用公开以及限制信用债务的规定。

（2）专项法规、规章

除州议会通过的上述法律外，佐治亚州银行和金融厅还针对按揭业务和货币服务业务颁布了相关法规和条例。《佐治亚州住宅按揭法案》于2010年7月1日生效执行，对出借人、经纪商和从业人员的注册许可做出了具体规定，州银行和金融厅非存款金融机构监管处还制定了相关细则。2012 年，该厅将货币服务业务涉及的法律法规进行集结，编纂了一部"粉皮书"，既包括议会通过的有关法律，也包括其颁布的票据出售和签发、票据兑付、支付结算业务的管理政策。

2012 年，银行和金融厅还根据《佐治亚州行政程序法》所赋予的权力，引用《佐治亚州法典》相关内容，制定了州银行和金融厅条例（Rules of the Department of Banking and Finance）。该条例长达 204 页，共分 10 个部分，分别对金融机构、信用社、支付结算、建筑和贷款协会①、控股公司、外资银行、代理组织和程序、现金交易报告、记录保留、住宅按揭经纪人和出借人等金融企业和业务制定了具体规定和监管要求。

4. 佐治亚州银行和金融厅与联邦金融监管部门的关系

目前美国的金融监管体系仍是联邦与州监管并存，实行重叠监管、分级监管。州注册的金融机构和金融服务提供者在遵守联邦法律、服从联邦的监管要求以外，还要接受州金融监管部门的监督和管理，但州金融监管部门不能对联邦注册银行、联邦注册信用社、其他州的州立银行、联邦储蓄银行进行监管。州注册银行也可以选择加入联邦存款保险体系②，接受联邦存款保险公司（FDIC）监管；也可以选择加入 FRS（联邦储备体系），因此州注册银行可能同时接受州银行和金融厅和 FED 或 FDIC 的监管，如果银行从事证券交易或是上市银行，还要受证券交易委员会（SEC）的监管。

佐治亚州银行和金融厅与美国联邦存款保险公司（FDIC）、美国联邦储备银行（FRB）和国家信用社管理局（NCUA）等联邦政府机

---

① 建筑和贷款协会是依法成立的地方互助协会，接受协会会员存款，并将存款的大部分用于以住房或存款做抵押的贷款，但不能从事第三方支付业务。

② 根据佐治亚州银行和金融厅接管银行的公告，该州所有银行均加入了联邦存款保险体系。

构在"有所分工、各有侧重"的基础上共同承担对银行、信用社等该州特许金融机构的监管责任。但对于佐治亚州的按揭经营机构和货币经营机构来说，除涉及反洗钱和其他金融犯罪案件查办的以外，该部门是唯一负责对它们进行日常监管的部门。

实践中，联邦金融监管部门和州金融监管部门比较注重沟通和合作，为弥补监管重叠、监管真空、监管标准不一致等问题，建立了联邦—州金融监管工作组，共同制定监管标准和监管实务规范等。从佐治亚州的情况来看，所有银行控股公司和3家加入了联邦储备体系的大型银行接受亚特兰大联邦储备银行和佐治亚州银行和金融厅共同监管。由于大型银行规模大且业务复杂，联储银行在监管资源上更占优势，因此州银行和金融厅虽然有3个专门负责大型银行的监管员，但仍主要采取与联储联合检查等方式。其余州注册银行接受联邦存款保险公司亚特兰大分部、州银行和金融厅的共同监管，这两家机构合作更为紧密，在日常监管上采取两家轮流检查的方式（Alternative Examine Plan），互相承认对方的检查结果，在关闭银行的时候通常联合行动、密切配合，以实现银行的平稳关闭。州注册信用社通常由银行和金融厅与国家信用社管理局（NCUA）进行联合检查。以2011年为例，佐治亚州银行和金融厅对银行实施的150个检查项目中，其单独进行的有30个，与FED和FDIC联合检查的有120个；对信用社实施的49个检查项目中，单独进行的有47个，与NCUA共同开展的有2个。

综上所述，除了证券业，美国州政府承担了对在本州注册的银行和保险机构进行监管的职责。美国这种联邦和州分层监管的框架源于其联邦制的国家政权制度。对于我国而言，值得借鉴之处在于三个方面：一是对于一个经济体量庞大的国家，适当加强地方监管可弥补中央集中监管的不足；二是无论是中央监管还是地方监管，必须要加强监管的法制建设，金融监管要做到有法可依；三是中央和地方监管之间的沟通非常重要，应保证监管信息沟通的及时性和顺畅性。另外，由于我国是中央集权国家，在中央与地方监管分工时可通过中央授权的方式进行，且由中央制定或协调各地的监管标准，避免各地区之间的监管套利。

执笔人：张丽平　彭一然

美国金融监管架构变革及经验借鉴

自 1929 年大危机以来，美国金融监管架构在危机爆发后或金融体系发生显著变化时都会进行调整。如 1999 年后顺应金融混业经营趋势，美国通过了《金融服务现代化法》（GLB 法）形成一种介于分业监管和统一监管之间的新的监管模式，也称为"双重多头"监管。联邦政府与州政府实行分权监管，即所谓双层监管体系。银行业务、证券业务分别由州和联邦的银行监管者、证券监管者共同监管，保险业务主要由州保险委员会负责。2008 年次贷危机后，美国出台了《多德—弗兰克法》（Dodd – Frank Act），重新界定了美国金融监管机构的职责，设立金融稳定监管委员会（FSOC），并在财政部内新设金融研究办公室，通过细致研究支持 FSOC 的工作。总体上，美国金融监管新框架加大了美联储对系统重要性金融机构和场外衍生品市场的监管，加强了对金融消费者和投资者的保护。

一、次贷危机后美国金融监管框架的变革

2008 年金融危机充分暴露了金融混业经营后美国在大型金融机

构、对冲基金、衍生品市场、评级机构等方面的监管漏洞。为了弥补这些漏洞，维护金融稳定，美国重新调整了美联储的职能，成立了金融稳定监管理事会（FSOC）、金融研究办公室（OFR）、信用评级办公室（OCR）、消费者金融保护署（CFPA）等机构，加强了对系统性风险、系统重要性金融机构、场外衍生品市场的宏观审慎监管，对包括对冲基金、银行业务等在内的微观审慎监管，以及对金融消费者的保护。

（一）加强对系统性风险的监管

美国新设了金融稳定监管理事会（FSOC）负责监控系统性风险，应对金融体系中的系统性威胁，维持金融秩序。同时，设立金融研究办公室（OFR），隶属于财政部，通过对金融问题的细致研究支持FSOC的工作。财政部长担任FSOC的主席，美联储主席、货币监理署署长、金融消费者保护局局长、证监会主席、联邦存款保险公司董事长、期监会主席、联邦住房金融局局长和国家信用合作社主席，以及一位由总统提名、参议院批准的保险专家独立会员共计9位要员担任表决权会员；金融研究办公室（OFR）主任、金融保险办公室（FIO）主任、州保险专员（从各州保险专员中选举产生）、州银行主管（从各州银行主管中选举产生）以及州证券专员（从各州证券专员中选举产生）称为非表决权会员，担任咨询顾问。

（二）加强对系统重要性金融机构的监管及危机应对

系统重要性金融机构（SIFI）是指业务规模大、业务复杂程度高、一旦发生危机事件会波及整个金融体系的金融机构。FSOC被授权对系统重要性金融机构进行识别，美联储则被赋予统一对这些机构实施监督的权力。根据美国新的监管规定，所有具有系统重要性的、相互关联的大型金融机构，包括银行及对冲基金、私募基金、保险和经销商等非银行金融机构在内，均被认定为一级金融控股公司（Tier 1 Financial Holding Companies）。美联储在监管中对这些机构提出更高的资本金和流动性等监管标准要求，以增强其应对经济波动的能力。

对于出现问题的 SIFI，《多德－弗兰克法》提供了有序清算制度（Orderly Liquidation Authority）。通过该制度，联邦存款保险公司（FDIC）有权组建过桥金融机构（Bridge Financial Company），有序终结某些金融合约，在没有其他融资渠道的情况下提供短期流动性，债转股，与国内和国外监管部门加强合作，最大程度降低 SIFI 破产对市场的系统性冲击，并确保纳税人不承担损失。

（三）加强对场外衍生品市场和交易商的监管

对规模超过 4500 亿美元的场外（OTC）衍生品市场实施更加严格的监管，包括对中央交易对手（CCP）、清算中心、电子交易系统等的监管。要求所有标准的 OTC 衍生品均通过一个中央交易对手进行清算，且弹性解释"标准"的范围。对非标合同，则要求交易方向托管机构提供信息。

美国原有的监管体系允许金融机构在没有充足资本保证的情况下销售针对某些风险的衍生产品，如对资产抵押证券和其他一些更为复杂的不动产相关证券的衍生产品。缺乏充裕资本支持的金融机构和日益增加的财务杠杆率使得美国金融体系的抗风险能力大大下降。对此，美国新的金融监管制度对场外衍生品交易商和参与方提出了资本金和交易保证金的要求，对不采取标准合同、不通过中央交易对手进行结算的衍生品交易规定尤为严格。

（四）进一步完善微观监管框架

美国主要从扩大监管范围和限制银行的高风险业务两个方面来完善微观监管。一方面美国将对冲基金纳入了监管范围。在美国原有监管模式下，对冲基金很少受到监管。危机后，美国要求资产价值在1亿美元以上的对冲基金须向证券交易委员会登记，并开放其账目，接受更为详尽的审查。另一方面在银行业务方面适用了"沃克尔法则"（Volcker Rule）。根据该法则，吸收存款的银行必须剥离各自的衍生品业务。这些业务不仅涉及新型衍生金融产品，还包括对冲基金等业务。禁止银行滥用抵押贷款和信用卡，并要求金融机构为投资者提供简单的金融产品，提高金融产品和服务的透明度和公平性。

表6-1综合概括了美国微观监管的新框架。

表6-1　　　　　　　　美国金融机构/产品的监管框架

机构/产品	监管机构
资产≤500亿美元的州银行/储蓄机构	FDIC
资产≤500亿美元的国民银行/储蓄机构	OCC
所有其他银行/储蓄机构/银行金融控股公司	Fed
信用合作社	NCUA/州监管机构
保险公司	FIO/州监管机构
系统重要性的金融市场活动（支付、清算和结算）	Fed
资产支持证券	SEC/联邦银行机构
衍生品	SEC/CFTC
经纪自营公司	SIPC

资料来源：作者整理。

（五）更加注重对金融消费者和投资者的保护

首先，根据《多德—弗兰克法》，在美联储之下创建了旨在保护金融消费者权益的独立机构——消费者金融保护署（CFPA），并授予该机构强制收购权、强制执行权等权力，用以加强对金融消费者权益的保护。

其次，在证券交易委员会下设立信用评级办公室，保障投资者利益。信用评级通常被认为是揭示信用风险的手段，但在危机中美国信用评级机构并未发挥出稳定金融市场的关键作用，反而推波助澜导致危机加剧。该办公室被赋予通过对"全国认定的评级机构"（NRSRO）的监管促进资本形成、维护市场公平和效率的职责。

最后，美国进一步规范金融机构的经营活动，提高信息透明度，以降低金融机构的"道德风险"，维护金融消费者和投资者的利益。

二、美国金融监管的主要特点

（一）金融监管机构数量众多、权力交叠

美国的金融监管架构由众多且权利交叠的联邦和州监管机构构成。这一架构在监管机构应对金融危机和金融机构创新以规避监管的循环往复中形成。当金融危机出现时，在大多情况下联邦和州立法者选择建立新的监管机构来应对，而不是扩展现有监管机构的管辖范围，因此机构数量不断增加。有研究显示，如假设一个金融控股公司在 50 个州运营，经营所有的金融业务，其将至少受到来自 9 家金融监管机构的直接监管。而且由于监管目标和关注的风险点不同，各监管机构在信息披露、监管标准、监管审查等方面存在差异。金融机构在接受多家机构监管的过程中，浪费了大量时间和金钱，大幅增加了金融机构的经营成本。

（二）名义上的功能监管，实际上的实体监管

从 20 世纪下半叶开始，美国金融产品在银行、证券和保险业之间

的区别日益模糊，混业经营趋势日渐明显。美国监管面临从主要基于实体监管的体系向采取更加功能化监管手段的体系转变的压力。功能监管的重点是基于金融业务类型而非机构类型对监管对象进行划分，关注的是金融机构从事的经营活动，而不是机构本身，即不管是银行、保险公司或证券公司，如果经营同样的业务，都应受到相同的监管。

1999 年，美国国会承认旧的监管制度已不足以应对金融机构、产品和服务创新所带来的挑战，并为此颁布了 GLB 法。GLB 法废除了大多数阻止保险、银行和证券金融机构跨业经营的法律法规，如《格拉斯—斯蒂格尔法》《银行控股公司法》等。但 GLB 法保留了所有现存的州和联邦监管机构，仅对其监管职责做出了细微调整。在单个金融机构可以提供多种金融产品（包括不属于传统范畴的混合产品）时，GLB 法并没有真正提升金融监管的有效性。GLB 法试图通过一些条款将金融产品划入"适当的"接受功能监管的子公司，但并不成功。该法本身就包含了证明功能监管不可能实现的大量例外条款。真正意义上的功能性监管并没有实现。总体上，美国金融监管只在对金融控股公司的监管上实现了小范围的功能性监管，如证券交易委员会监管金融控股公司的每个"接受功能监管的子公司"的业务活动。

（三）严格健全的法律体系

美国十分注重金融立法，是世界上金融法规最为严密也最为庞杂的国家，联邦政府和各州的立法机构都出台有相关的金融监管法规。每一次金融监管改革也都是立法先行。银行、证券和保险等各个金融领域都能有章可循。主要法案包括相关的金融机构法，如《联邦储备法》《银行控股公司法》等，金融市场发展和监管改革法案，如《证券法》《金融服务现代化法》《多德—弗兰克法》等。

（四）广泛的监管竞争

在多头监管体系下，美国金融监管机构之间在监管权力和资源方面的竞争难以避免，导致了监管松绑和监管容忍度的提升。虽然这在一定程度上为金融创新创造了条件，但金融风险也随之升高。一方面，为了吸引金融机构到本州注册，各州倾向于在最低资本要求、内部治理结构、投资者保护义务、董事权责、公司解散条件与程序等方面对金融机构"松绑"，甚至给予其不合理的自由决定权。例如，1985 年《特拉华州公司法》规定，公司董事违反谨慎义务导致公司和投资者权益受到损失的，公司可以通过修改章程免除董事的赔偿责任。之后，这一做法得到了超过 30 个州的效仿。另一方面，为了留住已进入的金融机构，各州监管者在面对在本州注册的金融机构的违法行为时，倾向于容忍金融机构的违法行为，甚至滥用行政救济，帮助其渡过难关。

（五）加强监管信息交流，但效果有限

联邦和州层面的监管机构之间均存在信息交流不畅的问题。美国各州政府以保护商业秘密为由，拒绝向其他州开放辖区内的金融监管信息。为解决各自为政的格局，各州政府之间成立了协调机构，如州银行监管局联席会议（CSBS）等。但这些机构只是相互交流和合作的平台，本身没有执行权，因此平台上的信息交流和沟通并没有得到实质性的改善。同样，美国国会与联邦政府也一直试图改变联邦监管机构之间信息交流不畅的状况。例如，美国国会在 1979 年建立了金融监管部门之间的协调机构——联邦金融机构检查委员会（FFIEC），负责统一金融机构在接受联邦检查时的准则、标准和信息报送格式。由于

其职责范围仅限于监管检查的协调，FFIEC 在提升监管合作发面的作用有限。

（六）重视金融机构的自我控制和行业自律

美国监管当局认为金融机构本身具有内部风险预测、计量控制能力和丰富的经营经验，因此其监管原则是尽量放松对金融业务、金融创新的限制，尽可能先让机构自己进行风险控制。例如，负责美国银行存款保险的联邦存款保险公司就身兼二职，既是保险公司，又是金融监管机构。美国证券市场监管框架的第二个层次是行业自律。美国主要的证券交易所、全美证券交易商协会、清算公司作为自律组织都有责任监督市场交易及其成员活动。

三、对中国金融监管改革的经验借鉴

（一）随着金融形势的变化，及时调整监管体系

中国金融业的发展已出现了明显的混业化趋势，以互联网金融为代表的金融创新日益模糊了行业界限，且局部金融危机时有发生，现行的监管体系对金融形势变化的适应力日益降低，为此应及时加以调整和改革，以提升监管效率。

（二）加强金融监管机构之间的监管协调

中国的监管部门不如美国那么繁杂，但同样存在着监管机构之间的合作和协调问题。虽然"一行三会"之间建立了金融联席会议等形式，但这种协调缺乏约束性，执行力几乎没有。监管错位、越位、缺位的现象严重。为此，应在更高层级建立协调机制。其中，信息共享

平台建设是重中之重。

(三) 加强金融法律体系建设

众多随着内外部环境变化而不断调整的法律法规是美国金融监管的重要组成部分，也是美国金融监管效率的重要保障。在法律法规建设方面，我国已经制定颁布了《中国人民银行法》《商业银行法》《证券法》《保险法》《外资金融机构管理暂行条例》等，但这些法律、法规存在一些缺位，如只严格规定了金融机构市场准入，而没有规范市场退出行为。一些监管以部门规章形式出现，无法作为司法解决金融争端的依据。进一步弥补法律空白、完善现有法律内容，仍将是中国金融监管改革的重要内容。

(四) 完善金融机构内部治理，健全金融同业自律机制

防范金融风险、维护金融安全，金融机构内部的治理结构建设比外部的金融监管完善更为重要。借鉴美国金融机构治理机制建设的经验，政府应鼓励金融机构构建高效的信息管理系统，实现信息采集、研究分析、信息资源的内部快速传输和共享，充分利用大数据技术实现科学、高效的内部决策；鼓励金融机构根据行业发展和市场环境的变化不断调整完善内控制度，提升利用创新应对风险、实现发展的能力。此外，国家应促进中国金融同业自律机制的建立健全，充分发挥行业自律组织在同业竞争协调与监督、行业合作与交流、市场发展与稳定等方面的作用。

(五) 研究建设地方金融监管体系

中国虽然不是联邦制国家，但地域广阔，经济体量庞大。不同地

域在金融发展方面各有特点、差异较大。而且有些有地域特征的类金融业务并没有被纳入中央层面的监管框架。但在出现区域性金融风险时，地方政府往往承担了大量的救助任务。在地方金融管理方面责、权、利并不匹配。因此在改革中央层面金融监管架构的同时，应研究建立地方金融监管体系，减少监管漏洞，维持地方金融稳定。

执笔人：张丽平　彭一然

参考文献

［1］巴曙松，吴博. 美国金融监管改革的新框架与新趋势. 南方金融，2010 - 6 - 15

［2］吴兆德. 金融衍生品市场法律监管问题研究. 复旦大学硕士论文，2010 - 10 - 16

［3］赵静梅. 美国金融监管结构的转型及对我国的启示. 国际金融研究，2007 - 12 - 12

［4］李婕雪，王寒菊. 美国金融监管对我国金融监管的启示. 中外企业家，2015 - 6 - 15

［5］朱小川. 美国场外衍生品监管规则的演变与改革述评. 区域金融研究，2010 - 2 - 15

日本金融监管架构的变迁与启示

本报告系统梳理了金融危机前日本金融监管架构的变迁史，指出从组织架构考量，日本是典型的金融厅一体化监管模式，并分析了日本金融监管架构中金融厅与央行和财务省分工与合作关系的具体形式。随后归纳了 2008 年金融危机后日本加强宏观审慎监管的措施。最后提出借鉴日本金融监管架构改革的四点启示：一是金融监管体制设计应尽可能避免职能冲突；二是完善监管制度应注意提高监管透明度，及时评估并适时披露监管制度改革的效果；三是金融监管体制改革过程中应重视相关基础设施的建设；四是宏观审慎应于法有据、明确分工、加强协调。

一、2008 年金融危机前的日本金融监管体制

（一）日本金融监管体制变动的历史回顾

1996 年以前，日本金融监管的行政部门是大藏省（后改名为财务省），只有信用组合（即信用合作社）是由所在都道府县知事负责监管（跨区经营的信用组合由大藏大臣授权所在地财务局长承担监管责

任）。大藏省下设银行局和证券局，保险业则由"银行局"下属的"保险部"监管。

由于大藏省在处理泡沫经济破灭后的银行危机中出现诸多政策失误，日本社会各界普遍认为大藏省在金融监管方面权力过度集中是问题的症结。1996 年 12 月 25 日，日本内阁通过"行政改革计划"。为建立符合市场规律的、透明公正的金融监管体系，决定将金融监管事务从大藏省剥离，成立直接隶属总理府的"金融检查监督厅"（当时暂用名）。1998 年 6 月 22 日，日本国会通过《金融监督厅设置法》，金融监督厅作为金融监管专门机构正式成立。这次机构调整，将原属大藏大臣的权限如金融机构检查监督权、审批权、业务改善或停止命令权、金融机构关闭或合并决定权等权力转移至金融监督厅，最重要的是改由总理大臣（而非大藏大臣）任命金融监督厅长官。大藏省保留金融和证券交易制度设计职能，并对金融监督厅管辖范围外的政策性金融机构、证券市场等履行监管职能。

1999 年 6 月，中央政府改革法案通过，设置金融厅成为该法案的重要内容。1999 年 8 月 5 日，日本国会提出与金融再生计划相关的 6 个法案。当年 12 月 15 日，根据《金融再生委员会设置法》，在金融监督厅之上成立了金融再生委员会。2001 年 7 月 1 日，日本改组金融再生委员会的下属机构金融监督厅，将其与大藏省金融企划局合并，设立金融厅。原本由大藏省承担的金融制度规划设计事务改由金融厅负责。2002 年 1 月，伴随着中央政府机构调整，金融再生委员会撤销。金融厅成为内阁府的直属机构，开始承担全部金融相关制度设计、检查监督等职能。在此过程中，日本打破了银行、证券、保险的分业监管模式，实现了金融监管的统一。只有在处置金融破产和金融危机相关事务时，金融厅需要与财务省共同负责。

（二）金融厅的职责与组织架构

1. 职责与措施

《金融厅设置法》规定了金融厅的使命：一是确保金融机能的安定和协调化；二是保护储户、保险合同签约者、有价证券的投资者。金融厅的管辖范围包括：金融制度的规划草拟；针对银行、证券公司、保险公司等民间机构和证券交易所等市场相关者进行监督和检查；制定证券市场交易的法律法规；企业会计基准的设立以及其他与企业财务相关的事项；针对注册会计师、监查法人等的监督；通过参与国际机构运作以及参加两国或多国间的金融协议，来确立与国际相融合的金融行政体制。

为了实现目标，金融厅主要采取了以下六条措施。

一是构筑有助于国民经济多样化的、促进竞争、有活力的金融系统，并将其作为经济活动的基础。为保障健全的中小企业以及下一代新兴产业，提供必要的资金支持，把谋求金融协调和有助于国民经济发展作为目标。

二是构筑领先于时代的金融基础设施。随着金融技术和信息通信技术的发达，以金融、经济国际化等为背景，金融机构开发出了多种跨业金融商品及服务，产生了大量超越国境的资金移动。为让金融交易更加便利，金融厅构筑了不逊于国际先进水平的金融基础设施。

三是从保护消费者的角度，完善金融规则并正确加以运用，使消费者在责任自负原则的前提下安心交易。同时，充实针对消费者的教育，增进国民对金融商品、金融交易的理解。

四是以遵循市场规律和责任自负原则为基础，制订明确的金融规则并以透明、公正的金融监管作为金融厅的工作目标。同时，提高金融机构和市场的透明度，推动金融机构公司经营公开化。

五是为适应并迅速、正确地应对金融业务不断演变和信息通信技术迅猛发展带来的变化，在金融厅的金融研究培训中心进行前沿的金融领域的研究和提高职员专业能力的培训，提高专业性和预见性，建立健全金融行政体制。

六是为有效应对金融的国际化，进一步促进同国外金融监督当局的协作和信息交换。力争建立适应国际化的金融监督规则，扩大日本金融体系的国际影响力。

2. 金融厅的内部组织

（1）总务规划局

总务规划局职责分为与金融厅管辖相关的综合协调性事务和与金融相关法令、制度的规划和草拟两部分。在起草金融相关法令、制度等时，通过各种审议会上专家的讨论，以及充分利用听证会等形式，广泛听取社会各界的意见和建议。

（2）检查局

检查局其职责是根据银行法等各种法律法规，站在储户等一般消费者的立场，对金融机构等实施检查。它的使命是"确保金融机构业务的健全性以及适当性，检证金融机构法律法规的遵守状况以及各种风险管理状况，指出问题点"。根据检查局的组织结构，由监督局采取相应的措施。

为规范检查行为，增加检查工作的透明度，金融厅发布了《金融检查基本指南》。该指南分为"接受存款的金融机关""中小企业融资""保险公司"等多种类别，检查的要点主要是准确把握金融机构对法律法规的遵守状况以及风险管理状况。

（3）监督局

监督局其职责是对金融机构等实施监督，通过对金融机构等的业务运营是否健全和恰当进行监督，避免金融机构所担负的资金中介和结算等机能发生障碍。通过现场检查和非现场检查的方式不断收集与金融机构相关的信息，随时把握详细的业务状况，积累各种信息并迅速、有效地实施分析。通过这些措施，尽早促进金融机构等自主地向确保健全经营的方向发展。

日本金融厅认为，在对金融机构进行监督时，根据明确的金融规则，通过实施高效具有实效性的公正和高透明的金融监管，建立能够得到广泛信赖的行政监督体制显得尤其重要。基于以上观点，日本金融厅公开发布行政内部手册《监督指南》，为建立以明确的规章制度为基础的公正、透明度高的金融监管制度，制定了《金融监督原则和监督部局职员知识（行动规范）》。

（4）证券交易监督委员会

该委员会以谋求证券交易以及金融期货交易的公正，保持投资者对证券市场以及金融期货市场的信心为使命。证券交易监督委员会的成员由内阁总理大臣任命的委员长和2名委员组成，独立完成其职责。

（5）注册会计师检察审查会

该审查会是根据《注册会计师法》，于2004年4月1日设立的。审查会经参、众两议院的同意，由内阁总理大臣任命的会长和9名成员组成，独立行使其职权。审查会下设有事务局，其主要业务是，审查由检察事务所提供的、经日本注册会计师协会调查（质量管理审议）完成的质量管理状况报告，必要时可根据情况对日本注册会计师协会或检察事务所实施现场检证，以及实行注册会计师试验和对注册会计师实施惩戒处分等的调查审议。

（6）金融审议会

金融审议会的职责是接受内阁总理大臣、金融厅长官或财务大臣的咨询，对金融制度的规划草拟进行广泛的审议。对完善法律、改善制度等必要事项进行审议，从中长期的角度对日本金融系统进行讨论、汇报总结。对与金融机构的利息相关事项、汽车损害赔偿责任保险制度、注册会计师制度相关事项进行调查审议。

（7）企业会计审议会

企业会计审议会的其职责是设立企业会计基准以及检察基准，同时以完善和改进为目标，对其他企业会计制度进行调查审议，并将结果上报给金融厅长官。

（8）汽车损害赔偿责任保险审议会

该审议会的主要负责对与汽车损害赔偿责任保险有关的保险利率、条款变更等进行调查审议。

（三）日本银行的检查职能

根据《日本银行法》的规定，日本银行作为中央银行，其目标是"调节货币和金融，确保金融机构之间正常的资金结算，并以此维护信用秩序"。为实现上述目标，《日本银行法》第44条授权日本银行与有业务往来的金融机构签订检查合同，并基于合同进行检查。

日本银行的检查与金融厅对金融机构的现场检查有所不同。一是在检查目的和内容上，央行的检查是基于最后贷款人地位而调查金融机构业务与资产质量，并据此提出建议；而金融厅的现场检查是为保证金融机构业务的正常开展，关注合规与风险管理状况。二是在可以采取的处理措施上，央行对金融机构没有行政处罚权，但如果金融机构无正当理由拒绝调查或拒绝提供相关信息，央行可以公开这一情况，并解除与该金融机构的往来账户关系；而如果金融机构拒绝日本金融厅的检查或拒绝提供信息，金融厅有权对其实施行政处罚。

二、金融危机后加强金融监管的举措

（一）加强监管机构和央行在宏观审慎监管中的配合

金融厅和日本银行各自的法律地位决定了这两个机构是日本宏观审慎监管的主要机构。财务省由于其前身大藏省的诸多丑闻，导致其如今在宏观审慎监管中的权限较小，仅限于出席金融危机应对会议和指导存款保险机构。金融厅和日本银行在宏观审慎监管中发挥的作用难分伯仲，但总的看来，金融厅作为政府部门，其作用侧重于实施行政处罚等措施，日本银行的作用侧重于系统性风险识别、监测和提出建议。

金融厅和日本银行既明确分工又加强协作是日本宏观审慎监管体系的重要特点，危机后这种协作进一步加强。一是法律层面都有明确要求向对方提供协助义务的条款。《日本银行法》第4条规定，"为了与政府的经济政策保持协调，日本银行应经常与政府保持沟通，进行充分意见交换"。该法第44条第3款进一步规定，"金融厅长官如果提出要求，日本银行可将检查结果文件提供给金融厅，或给金融厅工作人员阅览"。金融厅在必要时也要向日本银行提供有效信息。二是共同出席金融危机应对会议，参与国家应对金融危机的决策。三是经常联名发布指导性文件。

（二）加强对系统性风险的监管

虽然全球金融危机对日本金融体系的冲击较小，但危机后日本仍采取了一系列加强系统性风险防控的措施。[1]

---

[1] 据日本金融厅披露，截至 2007 年底，日本银行系统与次贷产品相关的风险敞口总额为 140 亿美元，总损失为 55 亿美元，而银行业一级资本总额高达 4500 亿美元，净利润超过 600 亿美元。日本信贷市场相对稳固。王爱俭、牛凯龙，"次贷危机与日本金融监管改革：实践与启示"，《国际金融研究》2010 年第 1 期，第 68 页。

1. 加强系统重要性机构监管

由于危机表明跨境风险传递日益严重，日本金融厅针对在本国注册的全球系统重要性金融机构及国外系统重要性金融机构在日本的分支机构分别建立了相应的监督机制。如针对日本三大银行和野村控股公司分别建立了监管小组。与此同时，提升针对保险集团的监管标准。金融厅已起草一份以跨境和跨部门为基础、以保险集团为背景的监管法律草案，支持国际保险监督官协会建立类似于银行业巴塞尔协议的全球活跃保险公司集团通用的偿付能力标准，对经营国际保险业务的保险公司按照统一标准监管，以弥补现有监管体系的缺陷。

2. 加强金融机构证券化资产的信息披露

日本金融厅要求确保资产证券化产品基础资产的真实性，并要求金融机构审查相关资产的内容，加强风险管理。金融厅从 2007 年底开始按季度公布金融机构与次贷产品相关的资产敞口以及损失情况，希望通过信息公开增强市场透明度，稳定投资者预期，维护市场稳定。

（三）完善金融监管制度

为提升日本金融市场的国际竞争力，日本金融厅 2007 年 7 月开始实施"改善金融监管制度行动"（以下简称"行动"），力求通过改善金融监管制度的质量，营造更具竞争力的监管环境。其主要纲领包括：一是实现规则式监管和原则性监管的融合来改善监管效果；二是关注未来风险的防范与管理，对高度优先级问题迅速做出有效的监管回应；三是鼓励金融机构的自愿行动，力求建立激励相容的监管关系；四是持续改善监管活动的透明度和可预见性。2008 年 3 月，日本金融厅对"行动"的实施效果做了调查问卷评估，特别关注被调查机构对

"行动"实施前后的反馈。① 同时，还确立了每半年公布"行动"实施进展报告的制度。在上述努力下，日本金融市场的国际竞争力显著提升，在伦敦金融城 2007～2010 年公布的 7 期全球金融中心指数排名中，日本东京有 6 次进入前十名，最高排名为第 5 位。

三、启示与借鉴

（一）金融监管体制设计应尽可能避免职能冲突

日本金融厅的核心使命，一是确保金融体系稳定，二是保护金融消费者和投资者，职能简单而清晰。相比之下，我国金融监管部门的职能范围就比较宽泛。从现有法律来看，相关金融监管部门的职能一是规范金融商品交易行为，二是化解风险、保护投资者权益，三是维护社会经济秩序和社会公共利益，四是促进行业和市场经济发展。事实上，在上述职能中是存在一定程度利益冲突的（例如，促进行业和经济发展有时会与控制风险和保护消费者利益冲突）。未来我国金融监管架构调整，应尽可能明晰监管部门定位，避免职能冲突。例如，将行业发展的职能转移至行业协会和财税部门，将宏观审慎与微观行为监管职能分开，进一步强化消费者保护职能等。

（二）完善监管制度应注意提高监管透明度

日本金融监管改革的历程表明，监管信息不应被视为监管机构的

---

① 调查结果表明，近 80% 的被调查者认为金融厅提高了监管制度的透明性和可预期性，监管信息发布及时；60% 的被调查者认为金融厅改进了与金融机构的沟通和交流。朱小川，"完善金融监管制度的几个启示——以日本'改善金融监管制度行动'为例"，《金融理论与实践》2011 年第 2 期，第 36 页。

专有财产，而是社会公共资源的一种，监管机构有义务按程序及时公布监管信息。监管行动的透明性和可预见性可以帮助金融市场和金融机构及时了解政策意图，也有助于监管机构及时得到市场对监管政策的反馈，降低监管不当的损失。相比之下，我国金融调控和监管措施缺少透明度，对改革方案及其成败得失缺乏及时、客观的评估，信息流转限于小范围，金融机构等市场主体对改革的参与度很低。从长远来看，这种做法无法达到监管机构与市场主体"齐心协力"的预期效果，不利于提升重大决策的科学性和民主性。

（三）金融监管体制改革过程中应重视相关基础设施的建设

日本金融厅除了履行监管职责外，还非常重视相关基础设施的建设。金融厅内部设立了注册会计师检察审查会、企业会计审议会、汽车损害赔偿责任保险审议会等专门机构，负责对金融市场有重要影响的参与者或制度进行审议、调查和检证。同时将完善和改进相关法律、监管制度、业务基础制度等工作制度化和程序化，从中长期的角度进行系统研究和评估。相比之下，我国金融监管体制在这些方面是相当薄弱的。从未来金融监管改革的方向来看，随着监管方式由过去的行政性管制、指标控制为主转向更多采用国际规范方式，金融监管将更多地依靠市场机制，相关金融基础设施将发挥越来越大的作用，为此相关部门应早做准备。

（四）宏观审慎应于法有据，明确分工，加强协调

日本金融厅、日本银行和财务省在宏观审慎架构中的地位都有法律的明确规定，并以此明确了分工的总体原则。在此基础上，通过具体的协调机制加强沟通和协调，提高防范、控制系统性风险的有效性，

也有助于降低被监管机构面对多头、重复监管的合规成本，这些经验非常值得我国在完善金融监管体制的过程中分析、借鉴。

执笔人：张承惠　王　刚

参考文献

[1] 裴桂芬. 银行监管的理论与模式——兼论日本的银行监管. 北京：商务印书馆，2005

[2] 王爱俭，牛凯龙. 次贷危机与日本金融监管改革：实践与启示. 国际金融研究，2010（1）

[3] 傅钧文. 日本金融宏观监管体制建设及其启示. 世界经济研究，2013（12）

[4] 朱小川. 完善金融监管制度的几个启示——以日本"改善金融监管制度行动"为例. 金融理论与实践，2011（2）

[5] 宣晓影，全先银. 日本金融监管体制对全球金融危机的反应及原因. 中国金融，2009（17）

英国金融监管改革的借鉴与启示

全球性金融危机的蔓延虽暴露了英国"三方监管（tripartite model of financial regulation①）"的弊端，但一国监管体系是不可能脱离自身金融市场结构基础而建立或完善的。危机前，宏观审慎监管理念的欠缺是多国普遍存在的问题，英国金融监管的巨大变革，实际上是对原有监管体系的"扬弃"。本报告从英国金融监管体系的改革举措中得出几点启示：第一，对造成危机的固有缺陷的持续反思，是重构英国金融监管新体系的关键因素；第二，英国的"双峰监管"模式，强化了对金融机构（特别是系统重要性机构）的行为监管；第三，任何金融监管规则的改变都是基于英国金融市场特性，从未偏离。英国金融市场的特性表现为货币市场和债券市场全球化程度高，而股票市场相对滞后。脱离此基础来理解或照搬英国"双峰监管"的先进经验，很可能会适得其反。

---

① George Osborne, Chancellor of the exchequer, "A new approach to financial regulation", june, 2011.

一、危机对英国金融监管体系的冲击与反思

以美国次贷危机为开端的全球性经济危机，凸显了发达经济体对本国系统性金融风险监管的不足。或者进一步说缺乏宏观审慎监管理念是多国金融监管存在的普遍问题，也是金融监管体制失效的重要原因。2007 年 9 月，北岩银行（Northern Rock，英国五大抵押借贷机构之一）受到美国次级房贷危机的波及，发生挤兑濒临破产，尽管北岩银行资本充足率完全符合《巴塞尔协议 II》的标准。次贷危机使这家住房抵押贷款占总贷款 90%、具有高成长性的明星银行陷入困境，并引发连锁反应，使得英国陷入系统性金融危机。

危机爆发前，英国一直由金融服务局（FSA, Financial Service Authority）作为单一监管机构同英格兰银行、财政部共同承担保护英国金融体系的职责。但危机表明，原有的监管体系并未能使英国免受系统性风险的侵害。问题突出表现在，在原有的监管框架下，没有一个能承担整体金融市场风险评估的监管机构，特别是在紧急情况下，各有关部门缺少高效的协调机制，导致难以应对危机。从危机爆发的整个过程来看，在风险积聚的过程中，金融服务局的"轻触式"管理未能对北岩银行快速扩张的业务风险进行早期纠正；出现挤兑后尽管英格兰银行同意提供紧急救助资金，但是未能遏制系统性风险的蔓延；存款保险机构的存款保险金可以覆盖单个机构的风险，却不足以维系整个金融体系的稳定。北岩银行事件后，英国在金融监管理念上，开始考虑如何引入宏观审慎监管，以增强稳定和维护本国金融市场的能力。

2008 年国际金融危机虽然涉及各种类型的市场参与者，但从根本

上说，这是一场银行业的危机①。危机的爆发让英国政府意识到处理问题银行的紧迫性。2008 年 2 月，英国议会发布了《2008 年银行法》（特别条款）②，赋予政府处理破产银行的临时权力，帮助政府成功注资，并对北岩银行进行国有化，一定程度上避免了危机的继续蔓延。由于赋予的临时权力只有一年的期限，为此，英国议会于 2009 年 2 月通过了《2009 年银行法》，将临时权力法定化。该法案明确规定了英格兰银行的中央银行地位，赋予其相关的金融稳定政策工具和权限，而这一举措成为英国金融监管体系改革的前奏。

二、危机后英国金融监管体系的重建及相关举措

（一）新监管体系的基本架构

根据 2013 年 4 月 1 日正式生效的《2012 年金融服务法案》，新的英国金融管理框架下设立了三个专职机构，即金融政策委员会（FPC）、由原来的金融服务局（FSA）拆分而成的审慎监管局（PRA）和金融行为监管局（FCA）。

金融政策委员会是英格兰银行理事会下设的委员会，由 11 位委员组成。其主要目标是识别、监控并采取措施以消除或减少系统性风险，提高英国金融体系的抗风险能力。其主要职能如下：一是检测英国金融体系的稳定性，识别和评估系统风险；二是对外公布金融稳定情况，发布金融稳定报告（每年两期）；三是适时向 PRA 和 FCA 发布指令，保证宏观审慎监管的目标达成和执行情况；四是向英格兰银行、财政

---

① Ferran, Eilís, et al. The Regulatory Aftermath of the Global Financial Crisis. 1st ed. Cambridge：Cambridge 3. University Press，2012. Cambridge Books Online. Web. p24.

② UK Parliament，Banking（Special Provisions）Act 2008（c. 2），21th February 2008.

部、FCA、PRA 或其他监管机构提出建议。该机构是从系统角度监测英国金融总体的风险积累情况，并赋予相应的行动权力。

金融政策委员会对审慎监管局和金融行为监管局具有指令权（有权就特定的宏观审慎监管工具做出决策，要求审慎监管局或金融行为监管局实施）和建议权（有权向审慎监管局和金融行为监管局提出建议，监管机构若不执行，需要做出公开解释）。金融行为监管局负责人作为外部成员列席金融政策委员会会议，但没有表决权。

审慎监管局（PRA）是英格兰银行的下属机构，其职责是对银行、保险公司和大型投资机构进行微观审慎监管，并负责对整个金融行业的服务行为实施监管。其目标是确保监管对象的安全、稳健运营。当出现监管对象对英国整体金融稳定不利的情况发生时，减少机构倒闭对整体金融的风险冲击，并对部分投资人提供适当的保护。PRA 监管的特点为：通过确定系统性重要机构，实现有重点的监管，并通过预先干预框架，提早识别系统重要性金融机构的风险。

金融行为监督局（FCA）的监管对象包括英国各类金融机构，如信托银行、基金管理公司、信用社、零售银行、建筑协会、寿险公司、保险中介、按揭中介公司、抵押贷款机构、财务咨询公司、财富管理公司、信贷批发公司等。其监管目标是保障消费者权益、保护和促进英国金融体系完整性、促进市场有效竞争。其使命是对大公司进行连续评估，对小公司进行监控，以确保企业公平竞争和保护消费者的利益；对威胁行业诚信的事件做出迅速回应，必要时确保公司对消费者的赔偿。PRA 和 FCA 相互协作并保持信息共享，同时接受金融政策委员会的指导。

（二）正确理解英国金融监管新框架

此轮英国金融监管体制改革，强化了英国中央银行的责任和权力，提升了中央银行的地位。改革后的英格兰银行，集货币政策制定与执行、宏观审慎监管、微观审慎监管等权力于一身，处于金融监管的核心地位①。

但是，这并不意味着将金融监管权力全部交给了中央银行。

一方面，金融行为监管局是一个独立于中央银行之外的特殊机构，对英国财政部和议会负责，其主要负责人由英国财政大臣提名。

另一方面，对英国金融监管体制的认识不应局限于金融体系内部，也应看到财政部在金融监管架构中发挥的重要作用②。尽管英国中央银行具有很强的独立性，但在法律关系上仍然隶属于英国财政部，其行长由财政大臣遴选产生。此外，财政部具有很高的政治地位，在公共资金和公共政策方面具有决定性话语权，英国财政部长地位大体上与副首相相当。例如，在动用公共资金进行危机救助方面，财政部是英国法律授权的唯一决策机构；危机时财政部有权向英格兰银行下达指令对单家机构或市场提供流动性支持，英国央行动用公共资金也必须经过财政部同意；尽管利率由中央银行制定，但是通货膨胀目标却是由财政部决定；英国财政部对金融政策委员会的职责和目标拥有最终解释权，财政部须确保金融政策委员会的政策方向与政府保持一致③。

（三）关键性举措

1. 用制度保证监管机构间合作渠道畅通

经验教训证明，监管机构之间保持密切沟通和信息共享非常重

---

① 中国人民银行金融稳定局赴英考察团，"英国金融监管改革及启示"，《金融发展评论》，2013 年 10 月。

② 新平，"英国金融监管改革启示录：被误读的超级央行"。

③ 为确保金融政策委员会能够根据维护金融稳定的需要而提出不受政府欢迎的政策（如为缓解资产泡沫而限制信贷和债务增长），金融政策委员会可以不执行财政部的相关指导，但必须向财政部进行书面报告并说明理由。

要。在英国"双峰监管"模式下,监管机构各自独立,履行不同职责。但是通过制度保障,如相互成为对方机构的成员,参与决策过程、规范决策和执行程序等,基本可以做到及时的信息共享和有针对性的信息沟通。对任何一家银行或其他系统重要性金融机构而言,必须获得审慎监管局(PRA)和金融行为监管局(FCA)的双重审批才能开展业务。PRA和FCA的首席执行官互为对方董事会成员。

2. 为金融政策委员会提供执行宏观审慎监管的金融工具箱

金融政策委员会(FPC)的宏观审慎监管工具箱由两个针对银行资本缓冲的工具组成。FPC有权在新欧盟法下设置逆周期资本缓冲和行业资本要求,这两项工具适用于所有英国银行、建房互助协会和大型投资公司。逆周期资本缓冲工具给予FPC对银行业实施资本附加的权力。行业资本要求工具的针对性更强,给予FPC对可能对整个系统造成风险的行业实施资本附加的权力。

3. 危机后针对英国金融市场的监管改革

(1)对银行业的监管改革

英国财政部于2012年6月向议会提交了《银行业改革:提供稳定性及支持可持续发展经济》白皮书①。2013年12月,英国议会通过《2013年金融服务(银行业改革)法》②,正式展开了英国银行业的监管改革。该法案主要包括以下三方面内容。

一是建立隔离机制。英国政府对银行体系实施"栅栏原则",将"核心"银行业服务(零售业务)与高风险的投行业务分隔开来,即"栅栏"内的业务可以为个人及中小企业(SMEs)提供存贷款和支付

---

① HM Treasury, Banking reform: delivering stability and supporting a sustainable economy (Cm. 8356), June 2012.

② UK Parliament, Financial Services (Banking Reform) Act 2013 (c. 33), 18th December 2013.

结算等传统商业银行服务；"栅栏"外的业务只能将不在存款保险范围内的存款和批发性资金作为融资来源。银行业务和投行业务之间新的隔离机制降低了银行业的结构复杂性，增强了其应对危机的能力。[①]该条款的实施权力被赋予英国财政部和 PRA，并将于 2019 年 1 月 1 日起生效执行。

二是增强损失吸收能力。如果隔离机构[②]的风险加权资产占英国GDP 的 3% 以下，则最低一级核心资本率要求为 7%，加上 3.5% 的额外风险缓冲资本（主要指带有损失吸收功能的自救债，例如长期无抵押债券等），总资本充足率至少要达到 14%。而对于风险加权资产[③]占英国 GDP 超过 3% 的大型隔离机构以及系统重要性金融机构，要求其总资本充足率要达到 17%。

三是促进银行业竞争。有效的银行业竞争不仅可以使英国经济受益于银行业产品和服务的有效价格，也会刺激创新和经济增长。英国政府通过降低银行业准入门槛、必要时从大银行回撤资金和提高银行透明度（由金融行为监管局执行）等方式来促进银行业的竞争。[④]

（2）对消费信贷的监管改革

近 80% 的英国民众涉足消费信贷[⑤]产品，这使得消费信贷市场的

---

① HM Treasury, Banking reform: delivering stability and supporting a sustainable economy (Cm. 8356), June 2012, p4.

② 隔离机构（ring – fenced body）必须是英国法人实体，与所属集团的其他下属机构须保持类似于无关联第三方机构的关系，不得控、参股集团下属的其他非隔离机构，也不得共享信息管理、营运和人力资源系统。隔离银行需按规定独立达到资本和流动性要求，同时要减少从集团内部进行融资，政府将对集团内融资设限。另外，在业务和经营层面，实施地域、交易对手、产品服务以及融资方面也有相应的限制。

③ 风险加权资产（risk-weighted assets）是指对银行的资产加以分类，根据不同类别资产的风险性质确定不同的风险系数，以这种风险系数为权重求得的资产。

④ 英国政府已将接管的北岩银行股权出售给维珍理财（Virgin Money），并计划通过出售劳埃德银行（Lloyds Bank）股权及该行的 632 家分行促进银行业竞争。

⑤ 消费者信贷就是消费者凭信用先取得商品使用权，然后按期归还贷款以购买商品。消费者信贷的种类包括：短期赊销，购买住宅，购买昂贵的消费品，信用卡信贷。

监管显得尤为重要。根据英国国家审计署估算，监管制度的不力使消费者在2011～2012年间付出了约4.5亿英镑①的代价。2013年3月，英国财政部联合英国商业、创新和技能部（BTS）发布了题为"新的金融监管措施：金融行为监管局承接对消费者信贷的监管"②的征求意见稿，阐述了让FCA承接公平贸易局（Office of Fair Trading，OFT）消费者信贷监管的改革设想。整个职权转移的过程在发表征求意见稿之时已经开始，从而给了相关公司熟悉新管理制度的缓冲时间。正式的职权转移在2014年4月生效，同时原本监管消费者信贷的公平贸易局也正式成为历史。

（3）对另类金融业务的监管改革

2013年10月，金融行为监管局发布了《关于众筹平台及类似行为监管方法》③的征求意见报告，对规范众筹业务提出了若干监管建议。金融行为监管局充分肯定众筹的新型融资方式，为公司融资提供了除银行、风险投资之外的更多选择。金融行为监管局对征求意见报告得到的反馈意见进行了采纳，在此基础上，2014年3月，金融行为监管局正式对外发布《关于通过互联网众筹及通过其他媒介发行非易于变现证券的监管方法：对于CP13/13的反馈说明及最终规则》④。该政策声明正式确立了包括P2P网络借贷在内的众筹监管的基本规则，并已于2014年4月1日起实施。金融行为监管局计划在2016年对监

---

① National Audit Office, Regulating Consumer Credit, December 2012. http：//www. nao. org. uk/publications/1213/oft_ regulating_ consumer_ credit. aspx.

② HM Treasury, A new approach to financial regulation：transferring consumer credit regulation to the Financial Conduct Authority, March 2013.

③ Financial Conduct Authority, CP13/13：The FCA's regulatory approach to crowdfunding（and similar activities）, October 2013.

④ Financial Conduct Authority, PS 14/4：The FCA's regulatory approach to crowdfunding over the internet, and the promotion of non-readily realizable securities by other media：Feedback to CP13/13 and final rules, March 2014.

管规则实施情况进行评估，并视情况决定是否对其进行修订。

根据政策声明，金融行为监管局将需要纳入监管的众筹分为借贷类众筹（Loan-based crowdfunding）和投资类众筹（Investment-based crowdfunding）两大类。其中借贷类众筹是指个人与个人、企业之间通过互联网平台以本息偿还作为回报形式的借贷，包括 P2P（个人对个人）和 P2C（个人对公司），但不包括 C2C（公司对公司）。FCA 认为，鉴于实践中平台多数兼营 P2C 业务，故用借贷类众筹取代 P2P 更能准确反映出市场现状。同时，鉴于债券与借款具有不同的表现形式和风险特征，尽管两者在本质上都是债权债务关系，但金融行为监管局在监管上依然做出区分，将网络平台发行未上市债券归为投资类众筹而适用不同的监管规则。

金融行为监管局出台借贷类众筹监管规则前，对于大多数借贷类众筹平台都不是作为金融服务提供者进行监管的，少数借贷类众筹平台被当成消费信贷经纪人受到原公平贸易局监管。随着新监管规则的出台及消费信贷监管职能由原公平贸易局转移至金融行为监管局，英国将"在电子系统经营借贷有关的活动"纳入"被监管的行为"范畴，因此此类平台的经营需要得到金融行为监管局的授权。围绕"金融消费者保护"这一监管目标，金融行为监管局建立了平台最低审慎资本标准、客户资金保护规则、信息披露制度、信息报告制度、合同解除权（后悔权）、平台倒闭后借贷管理安排与争端解决机制等 7 项基本监管规则，其中信息披露制度是借贷类众筹监管的核心规则。

三、启示与借鉴

英国开放、有序的金融市场很大程度上得益于良好的监管环境，金融监管规则和框架的持续革新，成为多国借鉴学习的榜样。对我国来说，英国监管体系的改革至少有以下三点值得借鉴。

第一，完善宏观审慎监管的顶层设计，明确系统重要性机构监管的同时，也要弥补金融监管的真空。

本次危机对监管最大的冲击表现为对系统性金融风险缺乏预见。我国同英国金融市场结构、开放程度虽存在一定的差异，但对系统重要性金融机构、投资公司的监管仍然需要有明确的顶层设计，应借鉴PRA的事先干预框架（PIF），尤其应在经济下行的压力下，对银行等金融机构进行早期风险识别。同时，针对我国互联网金融等新兴金融发展业态及其潜在的金融风险（如股权众筹等），也应当及时纳入监管并尽快出台相应监管规则。

第二，建立新的金融监管体制的重点在于明确不同机制的职能目标，加强监管的统一性和协调性。

明确职能目标的作用在于各司其职，防止不同目标带来的利益冲突。以英国为例，三个专职机构各有分工：金融政策委员会主要负责识别和监控系统性风险，并有针对性地采取降低或消除风险的措施；审慎监管局重在对系统性重要机构实施监管，以提早发现和处置风险；金融行为监督局的监管重点是保障消费者权益和促进有效竞争。为强化金融监管的统一性，审慎监管局和金融行为监管局之间建立了制度化的协作关系和信息共享机制，金融政策委员会则从宏观上指导和协助审慎监管局和金融行为监督局的工作。统一金融行为监管的另一好处是，让同类金融业务受到同等程度监管，这对减少监管套利、避免风险传染具有显著效果。

第三，学习英国监管模式改革，不宜生搬硬套。

英国金融监管的持续改革都是建立在英国金融市场特性的基础上

的。英国金融市场的特性是，货币市场和债券市场全球化程度高，而股票市场相对滞后，借鉴英国经验须准确把握这一基础特性。另一方面，由于英国财政部的重要作用，英国金融监管架构保持了很好的权责制衡关系，而且金融监管体制改革的主导者是财政部而非中央银行。在我国金融监管架构重构的过程中，不能盲目照搬英国做法，简单地将机构合并归入央行，而应综合考量金融监管体制中的相关因素，合理调整不同部门之间的责权利关系。

执笔人：张承惠　宋毅成

澳大利亚防范系统性金融风险的经验借鉴

为了解澳大利亚防范系统性金融风险的经验，国务院发展研究中心金融所组织人员赴澳大利亚进行专题调研，拜访了澳大利亚中央银行、审慎监管局、证券与投资管理局等部门，就金融体系监管的信息交换、行政协调、风险预警等关键问题进行了深入探讨。澳大利亚防范系统性金融风险的主要做法如下：一是强制实行金融市场信息的统一汇集、分享，各类金融组织必须及时向澳洲审慎监管局上报市场交易数据。在此基础上围绕金融系统形势，监管机构之间实行局、处级层面的经常化沟通、协调，形成政策建议。二是加强金融市场信息的动态分析，建立行业数据分析团队，利用大数据技术排查违规行为，进行系统性风险压力测试及预警。三是把强化金融消费者保护作为防范系统性金融风险的微观基础。一旦涉及侵害金融消费者利益，无论产品是否经过监管机构审批，监管部门都应及时主动干预，制止金融组织的欺诈、误导行为，促使其加强稳健经营。

澳大利亚自20世纪80年代初以来，经历了利率市场化、金融市场开放、金融监管框架调整等重大转型，在80年代后期经历了金融市场波动。但经过调查与反思，澳大利亚的监管体制逐步得以完善，经受住了1997年亚洲金融危机、2008年全球金融危机等考验，其经验值得重视和借鉴。

一、澳大利亚金融监管框架的主要特点

澳大利亚建立了以金融监管委员会为基础平台的监管框架，围绕金融体系稳定和消费者保护这两大目标，优化监管资源配置并完善监管协调机制，即"双峰监管"模式。金融监管委员会由澳大利亚中央银行（RBA）、审慎监管局（APRA）、证券与投资委员会（ASIC）这三家金融监管机构，以及财政部组成。

1. 机构职责分工

与英国不同[①]，澳大利亚金融监管委员会的四家成员机构彼此独立。

澳央行侧重于制定和实施货币政策，包括利率、汇率政策，履行金融风险处置等职责。澳央行关注金融机构包括支付体系的稳定性，以及机构层面的稳定，如资本、平衡表、风险暴露等。

审慎监管局的职责则围绕保持金融体系稳定，不但监管银行业机构，而且监管证券、保险、投资、信托等行业的机构，实行统一监管，避免了分业监管存在的弊端。审慎监管局关注金融体系整体稳定，兼顾监管安排对效率的影响。通过对各类金融机构进行质询，形成严格的监管机制。

证券与投资委员会围绕金融消费者保护，对金融市场的机构准入

---

① 英国的审慎监管局为中央银行的组成部门。

与市场行为等进行监管，包括证券、期货等行业；对养老基金、保险、股票、公司债、衍生品等涉及广大投资者的产品加强规范与指导。

财政部参与微观政策制定，包括对外国投资敏感的金融行业进行审批，对三家监管机构的工作进行评估。澳央行每隔半年就金融稳定形势向财政部作专题报告。财政部负责提名三家监管机构负责人的候选人，向审慎监管局以及证券和投资委员会提供财政经费。

2. 监管协调的保障机制

金融监管委员会作为议事协调平台，由澳央行牵头开展工作，央行行长担任金融监管委员会主席。委员会内部向委员会主席即央行行长报告工作，央行行长向财政部报告工作，财政部向议会报告工作。金融监管委员会没有独立司法权力，但通过非法规性文件引导，促使监管机构之间紧密合作。金融监管机构成立之初，就以相互签署谅解备忘录的方式建立双边协调机制，作为金融监管委员会运作的基础。

财政部对监管机构的人事、经费具有重要影响力，对其工作绩效进行评估，对监管机构涉及政府支出的重要方案进行审批，故能对协调监管行为发挥重要促进作用。

3. 监管协调的具体途径

一是数据共享。有效汇集信息是数据共享的前提。澳大利亚金融监管体系实行一元化信息汇集机制。法律授权审慎监管局负责信息汇集、统计、分送工作，并要求行政机构提供相关信息。审慎监管局建设相关金融基础设施，收集市场交易的动态信息，向央行、证券与投资管理委员会等监管机构分送信息，具体根据需要而行。

在信息共享方面，澳央行不收集金融市场信息，但需向审慎监管局支付少量费用以弥补运行成本，审慎监管局向央行每天发送2~3次信息，可根据央行需要提供特殊数据表格。证券与投资委员会也通过这一渠道共享信息，审慎监管局根据前者关注的机构和市场信息，主动提供相关数据。

二是人员沟通。除了监管机构负责人参加的金融监管委员会会议，澳央行每隔6周，与审慎监管局举行司局层面的协调会。两家机构的处级（工作组）层面通过电话、邮件等进行日常联系，并举办半月会。在应对潜在金融危机时尤其如此。审慎监管局行业分析团队根据微观条件，与央行一起讨论相关问题，以分析市场形势的演变情况。证券与投资委员会根据需要参加与央行、审慎监管局的局、处层面协调会议。不同监管机构的分析人员一起研究相关问题，是对监管协调的基本要求。

二、预防系统性金融风险的主要机制

审慎监管局发挥防控系统性金融风险的领导作用，除了风险监测、预警机制，还重视危机模拟工作和危机复苏机制。

1. 风险监测与危机模拟

审慎监管局是危机应对责任单位，由行业团队进行分析，并根据各个团队的分析框架，把各类监管信息综合到一起进行数据分析。

除了部际协同机制，监管机构在信息分析过程中也加强内部协同。以审慎监管局为例，行业分析团队人员规模为12~40人。监管团队人员则更多，包括IT团队。共有5~6个监管工作组织，分别监管银行、保险、养老基金等行业。团队之间有正式联系机制。为了更好理解风险，针对市场情况，不同分析团队通过电子化联系机制及时交流，交换相关材料，协同推进监管工作。在此基础上及时关注突发情况，发现突发风险信息，并识别关键风险，预测可能后果。

其中，审慎监管局主要依据"可能性与影响评级系统"，对金融机构进行风险评估。金融机构风险失控的可能性分为"低、中低、中高、高、极高"五个等级，风险失控的影响按资产规模分为低（<5亿澳元）、中（5亿～50亿澳元）、高（50亿～500亿澳元）、严重（>500亿澳元）四个等级。审慎监管局根据金融机构的固有风险，结合其自身管控能力与资本充足率的有效性进行评估分级，具体通过现场检查和非现场分析等方式进行，评估因素涉及董事会、管理层、风险治理、战略规划、流动性风险、操作风险、信用风险、市场与投资风险、保险、资本等。

为完善风险管理框架和规范程序，审慎监管局建立危机管理模拟机制，利用积累的市场信息数据模拟跨行业、跨部门、存在外部冲击的危机情景，涉及银行、保险、养老金等业务，以检验金融体系稳定性，每年至少模拟一次。根据危机模拟情况，完善相关机制和规章。

2. 危机复苏

澳大利亚金融体系危机管理的核心是提升复苏能力，具体措施包括提高审慎监管局的危机应对能力、完善解决方案、建立金融债权计划等。危机应对的触发机制涉及定性和定量标准，包括资本充足率、流动性等一系列定量指标。

从澳大利亚的经验来看，增强监管机构能力的关键在于赋予相关机构牵头处置金融风险的权力。审慎监管局是危机处置的领导机构，负责提供应对危机的解决方案，同时和金融监管委员会与其他监管机构协调。危机复苏机制的范围较广，包括质询金融机构、危机磋商、接管问题机构、加强政府责任、加强监管等。

从现阶段看，每家存款机构都必须根据审慎监管局指导意见，经董事会批准后，建立应急复苏计划。外资银行机构也应根据集团应急计划，延伸建立澳大利亚分支机构应急复苏计划，作为集团行为和计划的一部分。从审慎监管局的角度看，好的复苏计划应有明确的触发机制及评估机制。

从金融监管委员会的内部分工来看，审慎监管局的重要职责在于提出解决方案。澳央行通过履行最后贷款人职责，保持金融体系稳定。财政部则最终拍板应对危机的解决方案并提供财政支持。

三、维护消费者利益的主要做法

证券与投资委员会侧重于对金融机构的行为监管，关注一般市场的个体行为，重点是保险、证券领域。

1. 金融机构行为的合规管理

证券与投资委员会围绕机构行为，加强合规管理，从而降低金融机构风险，保护投资者利益。一是根据金融机构的定期报告分析和评估其表现。依法要求金融机构提供相关信息，在此基础上，根据监管机构的市场情报系统，交叉对比公司行为，确定各类公司（特别是小公司、小机构）的行为是否合规。通过审查金融机构行为，防控金融风险。二是通过监管机制关注金融机构高管的管理行为、金融机构的业务领域以及投诉意见等。

2. 公开募集资金的资格审核

澳大利亚要求公开募集资金的机构，必须在窗口期公布相关信息，证券与投资委员会据此判断该公司是否合格。因此，公开募集资金实际上具有审查阶段，需要正式批准。首次公开募股（IPO）也是如此。

根据公司面向公众公布的文件，证券与投资委员会有权停止公司募集资金的进程，并持续关注公司的投资前景，包括通过互联网等途径持续关注公司的离岸业务情况。在货币市场领域，也予以同样的关注。

3. 信息披露

对金融机构服务产品的监管重点在于信息披露机制是否误导投资者。例如一个金融产品，如果复杂到不易被理解，则不可能被证券与投资委员会批准发行。基本原则是，只要金融产品会导致人们误解，形成理解上的严重问题，则证券与投资委员会必须干预，以免误导投资者。对零售投资渠道的产品，证券与投资委员会主要关注投资者风险。其监管理念是巩固宏观审慎的微观基础，促使金融机构稳健经营，避免因追求产品高收益而导致风险集聚。

例如在按揭贷款等领域，银行可以发行次级债。尽管不需要批准，但证券与投资委员会关注发行渠道和具体产品，有权随时进行干预。

四、经验启示

结合我国当前及未来面临的金融改革任务及现实问题，澳大利亚的金融监管经验对我们主要有以下启示。

1. 充分汇集、共享金融市场信息，是有效监管的基础

我国金融体系重大缺陷之一是存在大量金融监管空白，导致金融风险积聚。其根本原因在于画地为牢的监管体制。监管体制自身的缺陷导致了金融监管机构之间的衔接不足，形成大量空白地带和灰色地带，如网络信贷、信托理财等。在地方层面，监管机构能力及资源不足导致这一现象更为突出，如各类投资公司等类金融机构的不规范经营现象。

无论如何，对金融行业放任自流必然会导致风险不断集聚；金融领域固有的信息不对称意味着风险，只有加强政府监管，才能有效降低信息不对称程度；只有降低政府监管机构与金融市场的信息不对称，才能有效消除监管空白地带。从微观来看，只有降低交易双方的信息不对称程度，才能实现公平交易、有效化解市场风险。这不仅事关系统性金融风险，也事关金融消费者保护，是金融体系可持续健康发展的基础。

要实现有效监管，必须掌握市场信息。其意义不仅在于了解金融市场形势，及时作出判断和应对，更在于掌握市场交易的具体事实，使违规和违法行为无处遁形，有效发挥法律威慑功能。在金融信息化趋势下，监管机构不但要全面掌握信息，更要分享信息，才能减少监管空白和灰色地带。这也是我国当前亟待解决的关键问题。我国公共部门掌握的信息处于高度分割状态，整合进展并不顺利，其中法律机制有待理顺是重要原因。为此，需要围绕信息统一汇集，理顺监管与隐私的关系，授权监管机构统一汇总、分送金融市场信息。在此基础上，才能实现对市场和机构的有效监测、干预。澳大利亚的经验表明，这是必要的，也是有效的。

从操作层面来看，金融市场信息汇总、分享并不存在信息技术障碍，但存在体制障碍，包括监管机构缺乏协同机制，以及其他部门不愿提供必要的信息。

总之，应高度重视金融监管信息基础设施建设，必须从突破体制障碍入手，为建立高效的监管体系打好基础。

2. 部门之间、部门内部业务操作层面的即时互动机制，是监管协调的有效保障

我国金融监管体系面临另一个重大挑战是，金融混业经营趋势不断强化，亟须监管体系增强跨行业监管能力，但我国现有监管体制下监管机构之间信息沟通不充分、互动不足，机构内部信息沟通也不甚顺畅，这不利于有效处置金融风险。

就本质而言，监管协同的核心在于业务层面人员进行信息、知识、经验的交流和分享，特别是局、处层面的关键分析人员应定期一起共同讨论问题，以便尽早识别出关键风险苗头。需要形成自下而上的紧密互动机制，信息共享、观点交流是基础。澳大利亚的经验表明，这对于防范系统性金融风险以及应对国际金融危机冲击是很有必要的，同时也将有助于强化监管能力建设。

3. 防止金融产品误导投资者是遏制金融欺诈行为的重要切入点

当前我国金融领域存在种种乱象，金融欺诈案件层出不穷，虽然不足以引发系统性金融风险，但会使个体投资者蒙受巨大损失，侵害了大批弱势群体的利益。有的观点认为投资者盲目追求高回报，是咎由自取；也有的地方政府担心查处之后会引发投资者群体事件，加上监管能力不足，往往采取"民不告、官不究"的态度，等到"民告"之时，事态往往已经不可收拾。

金融风险的外部性决定了金融监管的必要性。因此，对待金融活动（包括金融创新），其本质问题不是"要不要管"，而是"如何管"。支持创新更不应成为放弃监管的托词，创新也不应成为规避监管的技术手段。

澳大利亚的经验表明，只有将金融交易置于监管视线之内，才有可能谈得上监管，因而监管机构必须充分掌握金融市场信息，信息化技术完全能支持这一点。就法律层面而言，监管机构不审批某一金融产品并不等于没有监管责任。对监管机构而言，相对于问题总爆发时不可收拾的局面，在此之前任何时候介入都不算晚。

　　对待金融活动和金融服务产品，要保护投资者利益，其中设置合理的回报预期是根本。过低的投资回报，例如股票分红偏低，会损害投资者利益，但不切实际的投资回报预期，必然会导致严重的风险隐患，这在中国证券市场和民间融资领域表现尤为突出，而投资者被误导是根本原因。归咎于投资者素质低下无助于解决问题，监管机构必须发挥作用，制止恶意欺诈行为。为此，一方面要完善配套法律，对恶意欺诈行为明确具体情形和惩处手段，大幅提高违法违规成本；另一方面监管机构必须在全面掌握信息的基础上及时介入，防止误导投资者。从澳大利亚的经验来看，这些是可以做到的，关键在于建立专业化分析团队，完善信息化、智能化的分析工具，充分运用金融市场信息进行交叉对比。

执笔人：郑醒尘

"金砖四国"金融监管架构的变迁与启示

为了解金融危机之后金砖国家完善监管架构、加强金融监管、防范化解系统性风险的经验，国务院发展研究中心金融所自 2014 年底以来先后组织研究人员赴巴西、印度和俄罗斯进行专题调研，期间拜访了相关国家中央银行、金融监管机构和主要金融机构等。在此基础上，本报告系统梳理了金融危机前后"金砖四国"——巴西、印度、俄罗斯、南非的金融监管架构的主要变迁历史和完善宏观审慎监管政策框架、丰富和创新监管政策工具的实践经验。本报告认为，我国应从如下三个方面借鉴其他金砖国家的经验：一是应立足本国国情，完善宏观审慎政策框架；二是应加强宏观审慎政策与货币政策、财政政策的配合与协调；三是应加强市场行为监管，在行政执法层面落实金融消费者保护职责。

一、金融危机前后"金砖四国"金融监管体制变迁

（一）巴西

1. 危机前的金融监管体制

巴西金融监管体系的最高决策机构是国家货币理事会，成员机构

包括巴西央行、证券交易委员会、私营保险监管局和补助养老金秘书处。巴西是以中央银行为主体的混业金融监管机制，只有证券交易所、保险和养老金机构等少数机构不受央行监管。这种监管机制使得巴西监管部门职责明确，国家货币理事会层面的协调机制减少了监管部门之间沟通与协作、信息共享等方面的障碍。为履行银行监管职责，巴西央行在内部设立了专门的监管部门——监督管理局。该局由4个部门组成——现场检查部、非现场检查部、打击非法外汇交易和非法金融犯罪部、金融系统信息管理部，以此确保适度的分工与合作。

2. 危机后的金融监管改革举措

2008年全球金融危机爆发后，巴西经历了短暂而剧烈的经济波动和通货膨胀。到2011年，实体经济才出现反弹迹象，但通货膨胀率仍较高。为此，巴西监管当局采取了以下改革措施。

（1）实施新监管准则，提高监管有效性

2013年3月1日，巴西央行公布了由国家货币理事会制定的关于《巴塞尔协议Ⅲ》的实施细则，并于2013年10月1日起在巴西实施。与此同时，改进被监管机构的信息披露制度和公司治理水平，提高金融机构的透明度。同时加强对金融机构日常活动的评估与监测。

（2）运用宏观审慎政策工具管理流动性，防止信贷增长过快、资本流入过多带来的系统性风险

一是采取反周期的存款准备金率调整信贷周期。在2008年金融危机发生之初，巴西央行降低存款准备金率以防金融系统的信贷萎缩，此后则数次提高存款准备金率防止信贷过快增长。

二是自2010年12月对新增家庭贷款实施更严格的资本要求，主要集中在汽车信贷、扣除薪资贷款、个人信贷等方面。2011年11月，

巴西央行调整汽车贷款的贷款价值比率，将信用卡最低还款比率从 10% 提高到 15%，将消费者信用活动的金融交易税从 1.5% 提高到 3%。

（3）完善宏观审慎框架，加强货币政策与宏观审慎政策的协调与补充

在宏观审慎方面，巴西央行既是货币政策的实施主体，又是银行的监管主体，拥有丰富的政策工具，在宏观审慎政策的实施中发挥了关键作用。2011 年 5 月，巴西央行内部成立金融稳定委员会，将宏观审慎政策职能更清晰地从货币政策中分离出来。该委员会负责监测系统性风险的来源以及制定减缓风险的战略，在巴西央行内部协调各部门之间的职责。

与此同时，巴西央行将宏观审慎政策与货币政策结合使用，使之互为补充。金融危机后为有效控制家庭部门信贷的过快增长，从 2010 年上半年到 2011 年中，巴西央行累计提高基准利率 3.75 个百分点，同时收紧存款准备金和资本充足率要求。有效的政策合作成功地实现了总需求管理，抑制了通胀压力。

（二）俄罗斯

1. 危机前的金融监管体制

苏联解体后，俄罗斯不断强化中央银行的地位，银行体系监管权力主要集中在央行。1998 年金融危机后，俄罗斯金融监管体制逐步建立和完善，形成央行、金融市场监督局、财政部等多家机构并存的监管体系。保险业由财政部内设机构保险厅负责监管；银行体系的监管权力集中于央行；证券业没有独立出来，对商业银行经营证券业务的监管由金融市场监督局和中央银行共同完成。

多头分业的监管模式导致监管机构职能重复、"政出多门"。由于俄罗斯金融政策制定权属于联邦政府和财政部，而监管权归于央行和金融市场监督局，导致各部门间的利益博弈从未中断。2003 年以来，俄罗斯一直在推行统一金融监管的改革，但由于各监管主体的立场各异，改革一直未能顺利推进。

2. 危机后的金融监管改革

2008 年全球金融危机造成俄罗斯金融业出现较大动荡。危机过后，俄罗斯痛定思痛，以强化统一监管、提高金融体系稳定性为出发点，对本国金融监管体系进行了重大调整。

（1）成立统一的监管机构

2013 年 7 月，普京总统批准法案，规定俄联邦金融市场监督局对证券市场、保险市场、交易所投资和养老金等领域的监管职责转移至央行，俄罗斯央行成立"金融监管委员会"行使上述职能。委员会成员从央行各部门负责人中产生。

法案的实施标志着俄罗斯金融监管体制的重大变革。一是明确央行的统一监管者地位。除了继续承担监管银行等信贷机构的职责外，俄央行将取代原金融市场监督局，对证券公司、保险公司、小金融组织、交易所和养老基金等几乎所有非信贷金融机构的经营活动实行全权统一监管。[①] 二是赋予俄央行更多职能。央行将接管财政部和联邦政府制定金融市场监管标准的部分权力，参与政府起草相关法律和监管规定的过程，同时承担政策制定和监督执行两项职能。三是出台配套调整措施。为配合央行新的监管地位，央行董事会成员由 13 人增至 15 人，行长和董事长任期由 4 年延长至 5 年。同时，由于央行职权范

---

① 谭润石，"俄罗斯央行大权在握"，《中国金融家》，2013 年第 9 期。

围扩大，提升原国家银行委员会的级别，并更名为"国家金融委员会"。在央行基础上成立统一的金融监管机构将解决俄罗斯金融监管机构职能重复的问题，提高金融监管的稳定性和有效性，也表明俄罗斯金融监管体系正式由分业监管向混业统一监管转变。

（2）强化监管当局对金融机构的风险监测能力

俄罗斯通过立法强化央行对金融机构的信息获取权力，确保各类信息数据的真实，定期对各类风险进行压力测试和情景模拟，并建立早期危机预警系统。金融监管改革将金融政策制定和监督执行两项职能同归于俄央行，确立了其在金融市场上的权威地位，有利于金融政策的统一性和连贯性，避免政策执行过程中出现梗阻。

（3）更加强调金融稳定目标

俄罗斯央行在危机后进一步强调金融机构不能以危害金融稳定为代价来获取商业利润，同时修订《自然人银行存款保险法》，出台《支持金融体系补充措施法》，完善问题金融机构的退出机制，重点强调问题机构早期的资产保全能力，充分保护存款者和债权人的利益，确保国内金融机构的稳定。

（三）印度

1. 危机前的金融监管体系

印度实行分业经营和分业监管，印度储备银行作为中央银行主要负责制定和实施货币政策、管理外汇市场，同时对银行业实施监管。此外，证券交易委员会、保险监管和发展局分别负责对证券业和保险业实施监管。具体而言，印度储备银行主要负责监管全印度的银行体系，证券交易委员会主要负责包括银行在内的所有金融机构非传统型业务的监管，包括证券发行、政府债券交易、共同基金、信用卡业务及代理、金融担保等。

2. 危机后的金融监管改革

金融危机后，印度以加强宏观审慎监管为抓手，全面加强防范、控制系统性风险的制度建设。

（1）加强对系统性风险的监测与预警，建立宏观审慎政策框架

印度储备银行一方面通过建立宏观审慎政策框架，分析和监测经济和金融体系的系统性风险，并适时发出风险预警信号，扩大监管范围，提高监管标准。另一方面将不吸收存款的金融机构纳入金融监管范畴，防止监管套利。[①] 同时以实施《巴塞尔协议Ⅲ》为突破口，提高监管要求，加强对银行资本数量和质量的监管。

（2）强化金融监管协调，加大对系统重要性金融机构的监管力度

为加强监管协调，危机后印度政府成立了"金融稳定与发展局"，位于印度储备银行、证券交易委员会、保险监管和发展局之上，以加强监管部门的协调与合作，监管系统重要性金融机构。其主要职能包括监管大型金融集团、实施宏观审慎监管、加强内部监管合作、普及金融知识和制定金融扩展计划等。金融稳定与发展局通过设立专门委员会建立工作机制，由印度储备银行行长负责，讨论和决定关于金融部门稳定和发展的相关事宜，协调部门间监管事项。

（3）强化对综合经营和金融集团的监管

2013年3月，印度各监管机构包括印度储备银行、证监会、保险监管和发展局、养老监督和发展局签订了金融集团监管合作谅解备忘录，加强对金融集团监管的协调。

---

① 高宇，"后危机时代主要国家金融监管改革分析与述评"，《国际经济合作》，2012年第7期，第91页。

（四）南非

1. 危机前的金融监管体制

金融危机之前，南非储备银行和金融服务理事会是两个主要的监管主体，储备银行下属的银行监管部负责吸收存款的银行部门的监管，非银行金融机构则由金融服务理事会负责监管，但金融服务理事会同时要向财政部负责，监管权相对分散。信用领域由国家信用监管局负责管理，处理消费者信用公平交易与评估、消费者保护和信用行业公平竞争等事项。总体上来看，南非金融监管体系没有统一的协调机构。

2. 危机后南非的金融监管改革

（1）确保金融稳定

危机后，宏观审慎监管成为南非监管体系的基础和未来改革方向。2011 年起，南非监管当局推行了如下改革。一是成立金融稳定监督委员会，成员包括南非储备银行、金融服务理事会和财政部，由财政部长负责。二是成立金融监管委员会，该委员会在立法、执法和市场行为方面为各监管机构提供部门间的协调，但并不参与监管机构的日常工作，每年至少召集 1～2 次会议。它也包含相关的标准制定机构，如独立的审计监管理事会。金融监管委员会下各监管机构仍独立运行。三是改进银行和金融危机救助框架。改进部门间的协调，财政部和储备银行已经完成了对危机应急框架的综合评估方案。

（2）建立"双峰"监管模式

2011 年，南非央行宣布，将仿照英国，在未来三年内将金融监管模式转为双峰监管。在双峰监管模式下，金融监管的目标包括：监管协调、审慎监管和市场行为监管。金融监管委员会由金融监管机构、非金融监管机构的负责人和其他利益相关者组成，确保金融监管的整体协调，是解决审慎监管和市场行为监管之间冲突的正式渠道。金融稳定监督委员会由南非央行、金融服务理事会和财政部组成，协调金融稳定事项并努力减少风险。南非央行负责宏观审慎监管，财政部、金融服务理事会和国家信用监管局则负责微观方面的监管和消费者保护。

（3）加强消费者保护和市场行为监管

一是在金融服务理事会中成立针对零售银行服务市场行为的监管机构。该监管机构的工作主要集中在市场结构和银行成本等方面，并与国家信用监管局紧密合作，两者在管理信贷扩张中作用互补。

二是主动实施全面的《公平对待消费者倡议》，该倡议清晰阐明了市场行为监管的原则，确保金融业消费者保护的标准不变。同时还强调养老基金的监管要考虑保险消费者尤其是脆弱的老年人群在退休后的财务窘境，便利养老基金的投资渠道，消除系统性风险。

二、启示与借鉴

（一）立足本国国情，完善金融监管制度框架

金融危机后"金砖四国"顺应国际潮流，普遍采取措施，立足本国国情，从防范和控制系统性金融风险的需要出发，完善本国金融监管制度框架。俄罗斯将金融监管权力集中于央行，形成了混业统一监管模式；南非借鉴英联邦国家经验，采用"双峰"监管模式；巴西、印度则沿用原有的混业监管模式，在此基础上完善本国系统性金融风险防范、控制机制。在宏观审慎监管方面，"金砖四国"普遍完善了组织框架，加强了央行内部以及跨部门的沟通与协调。巴西和俄罗斯采用了央行内部设立金融稳定委员会的模式，加强了作为宏观审慎政

策实施主体——央行内部的沟通与协调。印度成立了金融稳定与发展局，南非建立了金融稳定监督委员会，加强了跨部门的协调与合作。

总的看来，一国所采用的金融监管模式与其所处的政治、经济、社会环境关系密切。金融监管模式要能够适应本国金融体系的发展水平、结构变化和风险变迁等，在有效捕捉风险的前提下与时俱进地配置监管资源。[①] 在当前监管模式呈现多元化格局的情况下，需要深入分析各国金融监管改革的相关背景，立足我国国情，准确把握近年来我国金融体系发展、演变特征和系统性金融风险的变化规律，充分论证、权衡利弊，积极稳妥推进金融监管体制改革。

（二）宏观审慎政策应与货币政策、财政政策加强协调

巴西在 2010~2011 年间运用宏观审慎政策和货币政策，成功地实现了总需求管理，抑制了通胀压力。这一事实印证了宏观审慎政策应与宏观经济政策加强协调的必要性。宏观审慎政策与货币政策、财政政策既有联系，又有区别。前者关注系统层面的金融机构、金融市场及其交易活动，其目标是在综合考虑宏微观经济形势的前提下来确定金融机构和市场的交易规则，以此防范和控制系统性金融风险；而后者更关注通过"汲水"型的政策调控引导公众的预期和信心发生变化，以此平衡总需求和总供给两个方面，防止经济大起大落。宏观审慎政策的提出，拓宽了政策制定者的视野，由以往的紧缩性、扩张性货币政策、财政政策 4 种政策搭配组合拓展到财政政策、货币政策、宏观审慎政策动态搭配的 9 种政策搭配，丰富了宏观调控政策工具箱，扩宽了宏观调控政策的回旋余地。

---

① 刘鹤，"中文版序一"，《21 世纪金融监管》，乔安妮·凯勒曼、雅各布·德汗、费姆克·德佛里斯编著，张晓朴译，中信出版社 2016 年 1 月版，第 13 页。

因此，宏观审慎、货币政策和财政政策虽分属于不同的政策框架，具有不同的政策目标和政策工具，但是相互之间联系紧密，而且互动性极强。一方面，恰当地运用宏观审慎政策并发挥其结构性调节优势，可以减少货币政策对金融稳定的负面作用，并通过缓解单纯使用货币政策造成的困境，为货币政策的总量调节创造更多的操作空间。另一方面，财政稳健性可能对宏观审慎政策的作用空间产生显著影响，制定宏观审慎政策时，需要预判未来财政政策的变化。关键是要准确把握不同政策范畴之下不同政策工具的传导机制，在此基础上根据本国当前经济、金融体系的实际状况相机抉择，加强协调。[①]

(三) 加强市场行为监管，落实金融消费者保护

金融消费者是金融市场的关键主体，没有金融消费者的参与金融市场便无从发展。同时在交易过程中，金融消费者也最容易因信息不透明、市场操纵、欺诈等活动而成为牺牲品，因此需要一国的金融立法和监管体系做出更具针对性和倾斜性的保护安排。危机后加强金融消费者保护已经成为国际金融监管体系改革的重要趋势。美国国会于2009年通过《金融消费者保护机构法案》，2010年根据前述法律成立了专门保护消费者权益的独立的消费金融保护机构——金融消费者保护局。英国根据2013年4月1日生效的《金融服务法案2012》将原金融服务监管署拆分为审慎监管局和行为监管局，由行为监管局专门负责行为监管和消费者权益保护等工作。南非在金融服务理事会中成立零售银行市场服务监管机构，同时实施《公平对待消费者倡议》，阐明市场行为监管的原则，确保金融业消费者保护的标准不变。俄罗

---

① 王刚、李丹丹，"浅析宏观审慎监管与宏观经济政策的基本关系"，《浙江金融》，2011年第4期。

斯颁布并多次修订《自然人银行存款保险法》，不断提升金融消费者的市场地位和保障标准。

借鉴国际经验，我国一方面应尽快构建统一的金融消费者保护法律制度。如果任由"一行三会"延续以往的"跑马圈地"式的立法模式，将造成金融消费者保护这一金融法律"处女地"在立法和执法环节出现大量新的矛盾与冲突，并显著提高未来推进统一立法过程中的协调成本。为此，建议国务院法制办组织制定统一的金融消费者保护行政法规。[①] 另一方面，在完善金融监管体制的过程中应注意加强金融消费者保护，建议考虑整合"一行三会"内设的金融消费者保护机构，组建统一的市场行为监管机构，以此完善现有金融监管框架，在行政执法层面落实金融消费者保护职责。

执笔人：王　刚

参考文献

［1］洪昊、葛声．金砖四国金融监管体系改革和合作研究，金融发展评论，2011（6）

［2］康书生、李园园．金砖四国金融危机后金融监管改革及启示，2010（12）

［3］银行外部监管与内部控制培训团．南非金融及外汇监管经验借鉴，2013（7）

［4］谢丹、任秋宇．巴西等五国金融监管改革情况．金融发展评论，2014（4）

［5］米军、陈菁泉．俄罗斯银行业监管制度的发展、特点及启示．国外社会科学，2014（6）

［6］谭润石．俄罗斯央行大权在握．中国金融家，2013（9）

［7］米铁男．俄罗斯金融服务市场监管法律制度评介．北方法学，2013（4）

［8］王刚、李丹丹．浅析宏观审慎监管与宏观经济政策的基本关系．浙江金融，2011（4）

［9］高宇．后危机时代主要国家金融监管改革分析与述评．国际经济合作，2012（7）

---

① 张承惠、王刚、郑鋆，"完善我国金融法律体系的政策建议"，《国务院发展研究中心调研报告》，2015 年第 37 号。

从国际经验看我国金融监管改革应遵循的四点原则

2015 年 10 月底中央十八届五中全会通过的"十三五"规划建议明确提出"加强宏观审慎管理制度建设,加强统筹协调,改革并完善适应现代金融市场发展的金融监管框架",正式将金融监管改革提上日程。在此之前,金融研究所的"中国金融监管重构"课题组就这一问题进行了重点研究,并对美国、澳大利亚、日本、英国、巴西和俄罗斯等国的金融监管变革进行了案例分析,以便吸取教训、博采众长,为我国金融监管改革提供有益借鉴。从这些国家的经验来看,我国金融监管改革应遵循(但不限于)以下四点原则。

一、坚持国情主导,避免拿来主义

从国际经验来看,各国的金融监管模式差异较大,当今世界并不存在普适性的金融监管模式。美国实行的是介于分业监管和统一监管之间、联邦政府与州政府分权的"双重多头"监管模式,并于次贷危机后加强了宏观审慎监管。英国和澳大利亚实行的是宏微观审慎监管和金融市场行为监管并行的"双峰监管"模式，并且财政部在金融监管和风险处置中具有强有力的决策权。日本设立了金融厅，实行金融一体化的监管模式，但是日本央行仅对在央行设有清算账户的金融机构进行监管。巴西的金融监管是以中央银行和金融稳定委员会为监管主体的混业监管机制。俄罗斯实行的是央行、金融市场监督局、财政部等多家机构并存的监管体系。

这些国家之所以在金融监管模式的选择上差异很大，主要是因为包括历史、文化、发展阶段等在内的国情不同。因此，我国在进行金融监管改革时既要借鉴国际先进的做法，避免重蹈他人覆辙，更要以国情为主导，真正落实五中全会提出的"健全符合我国国情和国际标准的监管规则"。

二、坚持顺势而为，改革方案要集思广益

从各国的经验来看，金融监管框架的调整应顺势而为。"势"主要体现为危机爆发或者金融创新导致金融体系出现新的趋势性变化。1997 年前后，在混业经营日益发展和亚洲金融危机的影响下，各国均不同程度地调整了监管架构，如美国于 1999 年通过的《金融服务现代化法案》，对以金融控股公司为代表的混业经营采取伞形监管与联合监管相结合的方式；日本于 1996 年底决定将金融行业的监管事务从大藏省剥离，于 1998 年 6 月通过《金融监督厅设置法》，金融监督厅作为金融监管机构正式成立。2008 年次贷危机后，美国设立了金融稳定监管委员会（FSOC），加大了美联储对系统重要性金融机构和场外衍生品市场的监管，加强了对金融消费者和投资者的保护；英国于 2012 年颁布了新的《金融服务法案》，撤销了金融服务局，并在英格兰银

行内部设立了金融政策委员会。

进入 21 世纪以来，随着我国经济高速发展和对外开放形势的变化，包括机构、市场、产品、业态等在内的金融创新层出不穷，混业经营、互联网金融、人民币国际化等对金融监管提出了新的要求，同时在经济下行阶段各类金融风险点增多，也对金融监管提出了挑战。当前，我国推进监管体系改革的紧迫性已经显现，但应审慎选择改革时机，避免操之过急。各国在进行监管架构变革之前都进行了至少一年的讨论和论证。我国的监管架构改革方案也应集思广益，包括听取被监管者的意见，在认真比较各类方案的成本收益之后进行决策等。

三、明确监管目标，简化监管机构职能

从各国金融监管的做法来看，无论什么样的监管模式，其监管目标主要集中在两个方面：一是维护金融安全，其主要任务是防范、管理和处置风险；二是保护金融消费者和投资者的利益。其主要任务是防止金融领域的不法行为对消费者和投资者造成损失。比如，澳大利亚的金融监管机构包括财政部、央行、审慎监管局（APRA）和证券与投资委员会（ASIC）：其中财政部在风险处置方面有很大的决策权；央行主要关注宏观审慎和风险问题；APRA 关注包括银行、保险、养老基金在内的金融机构的整体稳定；ASIC 围绕消费者保护，对包括证券、期货在内的市场行为进行监管，对养老基金、保险、股票、公司债、衍生品等涉及广大投资者利益的产品加强规范与指导。又如，日本金融厅的使命是确保金融机能的安定和协调，保护储户、保险合同签约者及有价证券的投资者。

由于所处发展阶段和金融发展传统的不同，我国金融监管机构的监管目标不仅包括维持金融稳定，而且还包括支持实体经济发展和金融业发展，但对金融消费者和投资者保护的意识仍显不足。多重目标导致了监管机构职能多样、任务繁杂，弱化了监管在维护金融稳定、保护消费者和投资者利益方面的效果。新的监管方案应将发展问题尽可能地交给市场，让市场主体在规范和竞争的环境中谋求自身发展。

四、强化监管协调，构建信息共享机制

本报告所选的案例国家没有一个是由单一机构来实施金融监管的。为避免出现监管漏洞，各国都很重视监管协调。在监管协调中，信息共享机制尤为重要。如美国国会建立了联邦金融机构检查委员会（FFIEC），州政府之间成立了州银行监管局联席会议（CSBS），加强监管机构之间的信息交流；澳大利亚成立了金融监管委员会，作为四家金融机构的议事协调平台，并且央行、APRA 和 ASIC 之间相互签署了谅解备忘录，对信息共享、监管协调进行规范；日本央行和金融厅使用包含统一指标的表格对金融机构进行信息收集，而且二者隔年分别对统一机构进行现场监管，避免了重复监管对机构造成过重负担。

我国监管机构之间设有联席会议制度，但一直以来执行力并不强，机构之间的信息沟通也不够顺畅。从各国经验来看，机构的分置与否并不十分影响监管协调和信息共享，关键是要构建监管协调、信息共享的强力约束机制，以及提高监管部门之间的合作意识。在澳大利亚调研时，调研组发现各监管机构之间的协调和合作非常顺畅。被

访对象在回答其中的原因时指出，这一方面得益于机构之间的合作备忘录对彼此均有约束力，另一方面得益于监管人员拥有良好的合作传统。不论未来我国金融监管框架如何调整，做实监管协调机制都是重点之一。

执笔人：张丽平

影响我国金融监管效率的主要因素

金融监管政策与货币政策、财政政策构成政府管理经济的三大战略工具。没有有效的金融监管，就无法成功管理我国经济转型中产生的各类风险和挑战。当前影响我国金融监管效率的因素主要有：一是金融体系存在广泛的隐性担保，准入壁垒与不公平的竞争环境严重抑制了金融业竞争，金融监管外部环境亟待改善；二是监管机构背负的多个目标之间存在冲突，审慎监管目标经常要服从经济和产业政策目标；三是监管机构运作独立性不强、资源严重不足、问责机制薄弱，治理框架有待完善；四是行政控制导向的现有分业监管结构日益难以适应金融混业经营迅速发展的现实，重复监管与监管空白并存，缺乏正式的宏观审慎框架，监管合作不规范，信息共享机制不完善；五是中央和地方金融监管职责边界划分不清，地方政府在履行监管职责方面存在较大缺陷。

金融监管政策是政府经济管理政策的重要组成部分。经合组织（2011）指出，"监管政策与财政政策和货币政策共同构成政府管理经济和社会、实施政策和影响市场主体行为的三大核心战略工具"。鉴于金融业在经济发展中扮演着重要作用，同时金融危机可能造成灾难性影响，而金融监管可以从根本上影响金融业的面貌，并对经济结构转型的成败发挥重要作用，因此提高金融监管效率的重要性日益提升。

当前我国向新经济增长模式转型将对金融监管提出严峻挑战。在全面深化改革的进程中，政府将逐步减少对经济领域的直接控制，放手让市场在资源配置中发挥决定性作用，这意味着要发展按照良好商业原则运转的、充满活力而鼓励创新的金融体系，同时必须显著加强金融监管以有效防范、控制金融风险，维护金融稳定。在此过程中，金融监管机构既要有序处理以往经济、金融结构长期扭曲所累积的大量风险，又要及时识别、监测、分析和处理正在演变的各类新风险。与上述要求相对照，我国当前以合规为主、以行政管制为基础的金融监管框架需要与时俱进加以改革，着力克服妨碍金融监管效率提升的各种障碍。

一、监管环境有待改善

良好的监管环境是实现有效监管的前提条件，包括健全的法律框架、适当的宏观经济政策、发达的金融基础设施、精心设计的金融安全网等。与国际监管标准制定机构[①]发布的评估原则和方法相对照，我国在监管环境方面存在如下三个问题，需要引起关注。

（一）金融市场普遍存在对政府隐性担保的预期

政府在金融领域的过度介入和不计代价的维稳，使得金融机构和

---

① 主要包括巴塞尔银行监管委员会、国际证监会组织、国际保险监督官协会等金融行业监管标准制定者。

金融市场普遍存在对政府隐性担保和刚性兑付的预期。以债券市场为例，自20世纪90年代初企业债券违约事件集中爆发以来，20余年的时间内没有发生过任何违约事件。不存在违约和失败的金融体系具有内在脆弱性，如同人体患上肠梗阻，会导致新陈代谢失调等"健康隐患"。一方面，由于金融机构预期政府最终会兜底，必然存在过度承担风险的冲动，道德风险的广泛存在最终会显著提高金融体系的不稳定性。另一方面，零违约事件使金融市场丧失了风险评估和定价能力，无法通过有序释放小的风险事件换取市场约束机制的建立和金融市场的长期稳定。[①]

（二）金融业竞争不足，不利于金融体系多样化发展

当前以国有控股为主导、对民营资本和外资严格的准入壁垒和不公平的竞争环境抑制了中国金融业的竞争水平[②]，这将阻碍金融体系的多样化发展。虽然我国金融体系的竞争十分激烈，但其事实上仍是一个政策引导和行政干预所导致的人为分割的系统，表现为大型商业银行的同质化、金融结构不平衡以及缺乏多元化金融产品和服务等。应当指出，政府同时作为被监管机构的所有者和监管者，相反的两个身份设定的目标也存在内在冲突，会导致激励扭曲、监管宽容和道德风险。此外，政府在负责制定和实施公共政策的同时，其在金融领域

---

① 2014年初引起金融市场高度关注的中诚信托募集规模达30亿元的"诚至金开1号集合信托计划"虽面临很大的违约风险，但最终在政府干预下仍实现了刚性兑付。

② 例如，本国的非金融企业对商业银行或者村镇银行股权投资的比例不得超过10%，单个外国投资者及其关联方对一家国内金融机构的股权投资比例不得超过20%，累计投资比例不得超过25%。每一个外国实体仅能投资最多两家金融机构。此外，在许多方面存在对外资银行的准入限制，如债券承销以及衍生品市场。虽然2006年对外资银行的地域及经营范围限制已被全部取消（以在本地注册为条件），但外资银行分支机构在申请过程仍然受到严格限制——禁止同时申请多个分支机构，而单个申请需要花费数月之久。但应当指出，我国政府2013年在减少对本国民间资本进入金融领域的限制方面迈出了积极的一步。

的主导控制权可能影响不同类别金融机构的公平竞争。

（三）金融机构公司治理形似而神非，无法成为审慎监管的有效抓手

当前我国金融机构的公司治理虽较股改前有明显改善，但仍未达到"形神兼备"的状态，同时金融体系透明度低，信息披露不充分。这将削弱金融机构内部管理和监督的有效性，加剧信息不对称、弱化市场纪律并阻碍金融监管。一方面，扭曲的激励机制下，金融机构董事会和高级管理人员既然不需要承担风险管理的最终责任，就自然不会对风险管理给予足够的重视，导致公司治理"形实不符"、偏差严重。另一方面，2010 年世界银行和国际货币基金组织联合开展的中国金融部门评估（Financial Sector Assessment Program，简称 FSAP）的结论指出，公开的银行汇总数据及单家银行数据的缺少，降低了银行系统的透明度。缺乏透明度及薄弱的信息披露使得金融交易建立在政府担保的基础之上，并由此滋生了道德风险和逆向选择。而无效的市场规则进一步加重了监管的负担。

二、多元监管目标存在内在冲突

在我国的监管实践中，监管机构一直肩负着不同的发展目标、经济目标和社会目标等，其中有的目标与其"促进所管辖金融机构的安全性和稳健性，保护金融消费者和确保公平竞争"的法定目标存在潜在的冲突，审慎监管的法定目标常常服从于经济和产业政策目标，这会严重损害监管有效性。

（一）使用监管政策来促进政府的经济和产业政策目标，可能导致对不审慎的信贷决策过分宽容，在宏观层面累积金融风险

由于政府以监管者、所有者和行业促进者的不同身份广泛介入经济活动，作为政府部门之一的监管当局经常需要服从政府的经济和产业政策目标。为达到上述目标，审慎监管要求被迫不时收紧和放松，对金融体系安全性和稳健性的担忧和关注不得不置于次要地位。最典型的案例是为了配合2008年底实施4万亿刺激计划，政府的金融监管要求一度有所放松，直至2010年年中宏观调控开始后才再度收紧。虽然其他国家也存在审慎监管目标与其他目标之间的冲突，但中国金融部门评估规划报告指出，"因为政策导向和执行方式，包括政府利用银行系统实现经济和社会发展的目标，上述冲突在中国更为严重。"

（二）承担行业发展促进者的职能可能损害监管机构的客观性

一方面，为实现促进金融包容性、平衡区域发展、最大限度减少潜在社会不稳定因素等社会责任目标，使监管者干预被监管机构商业决定的行为合法化，而监管者被迫在其他方面实行监管宽容①。

另一方面，分业监管格局下作为行业发展促进者的监管机构很自然地会视其他行业监管者为竞争对手，这将阻碍跨部门的监管合作。其中，三会在监管银行、保险和证券机构财富管理业务时出现的规则不一、协调不力就是典型案例。

（三）政府维稳的总体目标使监管机构将维护被监管机构和市场的稳定列为第一要务

主管部门在股市表现不佳时的频繁干预是典型案例。监管者通过

---

① 这种干预主要通过对金融机构的窗口指导和对涉及分支机构的开设、资产和风险定价以及信贷分配等商业决策施加影响实现。

电话和召开会议的方式对市场主体进行"窗口指导"，以期减少卖盘压力，或调整监管政策以刺激需求。其他的干预方式包括：调整金融机构设立分支机构的地域和节奏、影响金融资产的风险定价（如新股发行价格）、调控金融机构信贷投放节奏等。维稳任务使监管机构易有厌恶风险的倾向，将引发道德风险，既妨碍金融机构以合法方式开展业务、承担风险，又会分散有限的监管资源。

三、监管治理有效性不足

经过多年努力，我国金融监管治理架构已初步确立，但当前监管机构运作独立性不强、监管资源严重不足、问责机制薄弱等问题依然突出，监管治理框架亟需改革和完善。①

（一）运作独立性不强

Quintyn 和 Taylor（2002）对委内瑞拉、韩国、日本和印尼爆发的金融危机进行研究，指出了对监管机构进行政治干预的后果：造成风险积累、阻碍风险识别、导致危机爆发、延误监管措施起效、延长危机解决过程。本次全球金融危机再次印证了监管机构不受政治干扰、独立履行职责的重要性，而强调宏观审慎监管重要性的同时对监管机构运作独立性提出了更高的要求。要战胜金融危机，就意味着监管机构必须能在关键时刻，做出不同于政府和市场的独立判断，而不是被

---

① Quintyn 等人（2007）以近年来大幅修改过金融法律和监管框架的 32 个国家为样本，对这些国家监管机构的运作独立性和问责安排进行了研究，结果表明，中国监管机构在经营独立性和问责制两个指标上均排在末尾，该结论不受成立银监会并将银行审慎监管职责从人民银行剥离的影响。

政府和市场的意志所左右，应通过提高监管标准，禁止高杠杆交易，直接干预资产价格等措施，果断出手刺破泡沫。如同聚会正热闹时，要把美酒从众人面前拿走一样，这需要监管者甘冒风险的极大勇气，而独立性是这种勇气的根本来源。①

与上述要求对照，我国监管机构的运作独立性还存在较大差距。

一是领导人的选任解聘制度不健全，既没有公开透明的任免规则和清晰的任期规定和保证，候选人也主要限于党政官员，合格的市场专业人士很少有机会参与竞争②，这不仅会损害政策的连续性，挫伤市场信心，也创造了政治干预的空间，束缚了监管机构的手脚。

二是"旋转门"（即政府任命的高级官员在"一行三会"、大型国有银行和政府内部频繁轮换）的流行会损害监管部门的公信力和权威性。如果监管官员现在负责制定和执行规则，未来可能会反过来受这些规则约束，那么他们可能会不惜损害公共利益，给予被监管机构特权。而低级别的监管人员由于害怕受到报复，也会防碍严格的监督和执法。

三是国务院保留大量监管问题决策权的做法不仅增加了自身的行政负担③，也会影响监管机构的权威和信誉，并可能导致决策效率低下，延误必要的行动。

四是政府的监管职能与所有权职能没能适当分离，监管机构行使

---

① CHO（2009）指出，"当市场发展开始大量积累金融风险时，这种发展在政治上提供实实在在的利益。因此，审慎监管当局审查和推翻政治当局决定时可能面临其压力，并因此推迟必要的行动。为了防止这种情况的发生，必须落实一个健全的制度安排，需要在政治阻力有限的情况下提前做好。"

② 银监会2005年和2009年曾面向海外留学人员进行过公开招聘，但职级仅限于司局级以下，且内部人事管理如何与公务员序列对接也存在很多问题。

③ 范围广泛的许多问题均需国务院批准决定，包括法规的颁布实施、推出新的金融产品或市场（如股指期货）、界定允许金融机构开展的业务活动（如银行设立证券公司）以及金融机构重大兼并和收购活动等。

所有权职能，提名若干金融机构的高级管理人员，并列席受监管机构的董事会会议，进一步损害了监管的公正性和公信力。

（二）监管资源严重不足

从流程的视角分析，金融监管需要制定大量的监管规则，持续进行监督、不间断实施非现场监管和开展现场检查，并配合必要的执法行动。金融监管既是高度复杂的专业性工作，也是劳动密集型工作，资源是否充足直接决定监管质量。

与所承担的监管任务相比，我国监管机构的资源严重匮乏。

一是监管机构普遍缺乏预算独立性，而预算分配的增长远赶不上金融业规模和复杂性的快速提升，资源硬约束日益突出，并会损害关键监管职能的履行。以银监会为例，财政预算分配在2007～2012年仅增长3.2%（有些年份稍高），而同期受其监管的金融资产增加了一倍以上，且业务活动复杂性显着提高。保险业和证券业也经历了类似的趋势。

二是监管机构组织结构和人员编制都需经中编办批准，缺少必要的自主性和灵活性，妨碍了监管机构根据不断变化的监管需要进行必要调整的能力。以银监会为例，其成立10年来总编制人数仅增加了10人，许多县级监管办事处只有几个工作人员，但监管着数百个机构实体和数十亿的资产。

三是与所监管行业相比，工资水平偏低，难以招募和留住合格的专业人才，也不利于遏制腐败和滥用职权的行为。

（三）监管问责机制薄弱

当前我国对监管机构的问责安排十分薄弱，无法给予适当的激励和提供必要的制衡，这反过来又削弱了监管机构独立运作的基础。

一是立法机关的质询侧重金融普惠和小微企业融资难等热点问题，对监管机构履行其法定职责的情况关注不够，无法提供有效的制衡。

二是大量关键的金融立法事实上由监管机构实施，最高法院之外的各级法院和法官没有司法解释权，加上司法独立性不足，导致来自司法机关的问责有限。

三是来自被监管机构和公众的监督和问责依然薄弱，不利于提高监管公信力。

四是问责机制缺陷的核心在于缺乏清晰细致的绩效评估框架，难以准确判断监管机构法定职责的履行情况。

（四）现有的分业监管体制日益不适应金融混业发展的需要

在当前的分业监管体制下，银监会、证监会和保监会分别承担对银行、证券和保险机构的主要监管责任，人民银行仍保留对银行的某些审慎监管职责，并作为银行间债券市场的主要监管机构。随着时间推移，分业监管体制与金融混业发展的摩擦和冲突日益增多，需要引起高度重视。

一是监管差异和分歧加剧了金融风险。以财富管理产品为例，目前银行、信托公司、基金管理公司、证券公司、保险公司都在销售功能类似的集合投资产品，这些产品分别由三会根据发售产品的机构实施监管，监管规则存在差异，容易引发监管套利，导致对风险控制和消费者保护的担忧。

二是对不断出现的金融控股集团没有明确的监管主体，集团层面监管空白的存在导致并表监管有效性下降。

三是监管合作和信息共享安排缺乏法律层面的详细规定，既没有对不提供合作后果的规定，也缺乏对自愿合作和信息共享的必要激励。

四是尚未建立正式的宏观审慎框架，没有机构对金融体系整体的风险负责，也没有机构有权强制执行减轻系统性风险的行动[1]。在银行、保险和证券业之间界限不断模糊，关联度显著提高，风险不断溢出和蔓延的时候，这些问题尤其令人担忧[2]。

五是监管职责划分不清，导致问责制受到削弱。由于历史原因，三会成立后，人民银行仍在一定程度上参与审慎监管（表 12-1），这对宏观审慎和微观审慎两种调控职能都产生了负面影响。一方面，人民银行和三会一样，缺乏法律层面明确的宏观审慎监管的授权；另一方面，人民银行履行微观审慎监管职能将会导致与银监会的职责

表 12-1　　　　　　　　　中国的宏观审慎监管工具

工　具	机　构
差别存款准备金制度的动态调整	央行
首套房和二套房的动态 LTV（贷款价值比率）要求	央行、银监会
动态拨备要求	银监会
逆周期资本缓冲	央行、银监会
留存资本缓冲	银监会
杠杆率	银监会
系统重要性金融机构附加资本要求	银监会
附加流动性要求	银监会
强化对系统重要性金融机构的监管	银监会
早期预警机制	央行、银监会

资料来源：孙（2013），基于 2011 年第四季度中国货币政策报告。廖岷（2012）《监测、评估系统性风险的框架》，https://www.imf.org/external/np/seminars/eng/2012/macroprudential/。

---

[1]　关于机构化监管限制的一般讨论，见 G30（2008），美国财政部（2008）。

[2]　2013 年 6 月的钱荒事件，显示中国金融市场的状况可能突然改变，风险可能迅速蔓延至资金、信贷和股票市场。

重叠，显著提高监管成本。①

六是现有分业监管体制存在功能重复问题。虽然一行三会已分别成立独立的消费者保护局，但在金融消费者保护方面仍不存在清晰的国家战略。功能的重复也不利于制定和实施一致的金融消费者保护政策，并会增加监管资源压力。

（五）中央和地方金融监管职责边界划分不清，地方政府履行监管职责存在重大缺陷

在金融监管领域，中央和地方之间的关系没有得到清晰梳理，导致权力和责任的边界划分不清。地方政府在弥补一行三会派出机构不足，发挥"必要和有益补充"作用的同时，不能忽视其对小规模非银行金融机构和地方股权与商品交易所的监管存在的弱点。

鉴于一行三会的职责范围有限，而各类新兴金融机构和市场的出现有助于满足地方中小企业的融资需求，地方政府获得了广泛的监管权力。地方政府目前负责管理的机构类别包括：农村信用社、典当行、小额贷款公司、融资性担保公司、私募股权和风险资本，以及注册于当地的股权和商品交易所等。但一方面，由于没有法定的明确标准确定哪些监管职责应下放给地方政府，导致现有监管职责的稳定性存在不足；另一方面，由于下列原因，地方金融监管存在重大缺陷，如果处理不当可能导致区域性金融风险的积累。

首先，地方政府缺乏实施金融监管的法律依据。其次，地方政府

---

① 《中国人民银行法》第 32 条规定，中国人民银行有权对金融机构以及其他单位和个人的九种行为进行检查监督，包括执行有关存款准备金管理规定的行为、与中国人民银行特种贷款有关的行为、执行有关人民币管理规定的行为等。第 34 条规定，当银行业金融机构出现支付困难，可能引发金融风险时，为了维护金融稳定，中国人民银行经国务院批准，有权对银行业金融机构进行检查监督。

的目标主要是地方 GDP 增长和税收收入的最大化，这常会与金融监管的安全性和稳健性目标相冲突，造成国家统一的监管政策难以在地方落实到位。第三，地方政府作为所有者，往往在当地金融机构拥有股权和其他权益，在实施监管过程中可能产生利益冲突。第四，缺少恰当的治理框架来确保地方政府监管职能的独立性和问责安排。第五，地方政府缺乏专门的监管人才，难以对所管辖机构和市场进行有效的调控与监管。实践中往往只关注当地金融机构的登记，持续性监督存在严重不足。

执笔人：任浩聪（世界银行） 王 刚 雷 薇

参考文献

［1］ Black, J. and S. Jacobzone（2009），"Tools for Regulatory Quality and Financial Sector Regulation: A Cross-Country Perspective"，*OECD Working Papers on Public Governance*，No. 16，OECD Publishing. http://dx. doi. org/10. 1787/218772641848.

［2］ Cho, Y. J.（2009），Comments made in Session Ⅷ: Wrap Up Session on First Two Days at the Conference on Global Financial Crisis: Financial Sector Reform and Regulation，ADBI，Tokyo，21 – 22 July.

［3］ IMF and World Bank（2012a），"China-Basel Core Principles for Effective Banking Supervision: Detailed Assessment of Observance". Financial Sector AssessmentProgram. http://documents. worldbank. org/curated/en/2012/03/17968541/china-basel-core-principles-effective-banking-supervision-detailed-assessment-observance.

［4］ Quintyn, M., S. Ramirez, and M. W. Taylor. 2007. "The Fear of Freedom: Politicians and the Independence and Accountability of Financial Sector Supervisors," IMFWorkingPapers07/25. http://www. imf. org/external/pubs/ft/wp/2007/wp0725. pdf.

［5］ Quintyn, M. and M. Taylor（2002），"Regulatory and Supervisory Independence and FinancialStability". IMFWorkingPaper02/46. http://209. 133. 61. 129/external/pubs/ft/wp/2002/wp0246. pdf.

［6］ World Bank（2013），"China-Institutional and Legal Framework for Consumer Protection in Financial Services".

［7］ Zhang. 金融监管权的监督问题研究，2007。

［8］ 张晓朴. 金融风险演进与监管改革. 财新新世纪周刊，2013 – 7。